Hans-Martin Barth
Heinz Flügel
Richard Riess

DER EMANZIPIERTE TEUFEL

Hans-Martin Barth
Heinz Flügel
Richard Riess

Der emanzipierte Teufel

Literarisches
Psychologisches
Theologisches
zur Deutung des Bösen

Claudius Verlag München

1. Auflage 1974

Einbandentwurf: Werner Richter

Satz und Druck: Claudius Verlag München
ISBN 3 / 532 / 71314 / 4

INHALT

VORWORT

> „Schwarze Messen. Satanskult!
> Hochinteressante Höllentrips.
> Wer praktiziert mit (bes. Raum
> Rheinland)? Zuschrift bitte
> mit Bild unter Chiffre . . . “

Diese Anzeige ist nicht etwa frei erfunden. Offenbar geht der Teufel wieder um. Illustrierte und selbst Tageszeitungen beginnen sich für ihn zu interessieren. Der „Exorzist“ bittet in den USA Millionen Menschen zu den Kinokassen; die Synchronisation für die deutsche Fassung wurde in München mit großem Aufwand betrieben. Das Diabolische ist „gesellschaftsfähig“ geworden. In einer Welt, die keinen Gott mehr zu kennen scheint, entdecken Menschen ihre Lust, dem Teufel zu begegnen.

Hatten sich jene damals avantgardistischen Theologen getäuscht, die vor rund einem Jahrzehnt den „Tod Gottes“ als unabwendbare Tatsache proklamierten? Widerlegt die religiöse Welle, die inzwischen eingesetzt hat, die vielzitierte Prophezeiung Bonhoeffers, wir würden „einer völlig religionslosen Zeit“ entgegengehen? War es dringende Notwendigkeit, daß der Autor eines Buches über die „Stadt ohne Gott“ nun endlich aufruft zu einem faszinierenden „Fest der Narren“ (Harvey Cox)?

Oder hängen Gottes Tod und des Teufels Auferstehung in der Tiefe miteinander zusammen? Ist es der Teufel, der am Grabe Gottes tanzt? Feiert man das „Fest der Narren“ in der „säkularen Stadt“? Können gerade ihre Bewohner die Religion nicht entbehren, so daß, wenn kein Gott mehr zur Verfügung steht, man eben nach dem Teufel greifen muß?

In der Fachtheologie zeichnet sich eine eher gegenläufige Bewegung ab. Evangelische Theologen interessieren sich im allgemeinen ohnehin nicht besonders stark für den Teufel. Unter katholischen Theologen aber ist sogar ein gewisses Bestreben zu erkennen, sich von der traditionellen Satanologie abzusetzen. Man bemüht sich um den Nachweis, daß in der Hölle „kein Feuer" brennt (Thomas und Gertrude Sartory), und proklamiert den „Abschied von Höllen und Himmeln" (Fr. Heer), ja „vom Teufel" (H. Haag). Die innerkatholische Diskussion hat Papst Paul VI. offenbar so stark beunruhigt, daß er sich in einer Ansprache am 15. November 1972 zu Wort meldete, um dem Teufel jedenfalls innerhalb der römischen Kirche zu seinem Recht zu verhelfen. Der Teufel ist, so dekretierte der Papst, „ein lebendiges, geistiges Wesen, das pervertiert ist und selbst pervertiert: eine schreckliche, aber geheimnisvolle und furchterregende Realität".

Was die Autoren dieses Bändchens interessiert, ist weniger die faszinierende, sozusagen romantische Seite des Satans, seine Rolle in Aberglaube und Magie. Nicht der traditionelle Teufel erscheint ihnen gefährlich, ausgestattet mit den Requisiten einer überholten Zeit, freilich auch heute noch so wirkungsvoll in Szene zu setzen, daß Menschen unter psychischen Erschütterungen und Zusammenbrüchen die Kinos verlassen, in denen sie dies erleben. Die modischen Accessoires, in denen der Teufel heute präsentiert wird, werden vermutlich in Kürze ihre Reizkraft verloren haben. Gefährlicher ist der Teufel, der bleibt und der, während Spielfilme über ihn laufen, sein eigentliches Unwesen an anderer Stelle treibt: der „emanzipierte Teufel". Vorschnellen Versuchen, den Teufel „wegzuentmythologisieren", sind die Autoren dieses Bändchens daher ebenso abhold. Was sie beschäftigt, ist weniger der Teufel als der Mensch, der an einen Teufel „glaubt". Im Blick auf den Menschen, der sich vom Teufel bedroht und verfolgt sieht, treffen sich die drei Bearbeiter des Themas Teufel: der Literat, der Psychologe und der Theologe.

Auf der Szenerie der neueren Literatur hat der Teufel ein kaum bestrittenes Wirkungsfeld — als Symbol des Zerstörungstriebs, der gespaltenen Identität und des in Grausamkeit sich abreagierenden Nihilismus. Weiß der Dichter mehr über den Teufel?

Die Tiefenpsychologie muß sich die Frage nach der Realität des Teufels versagen. Aber sie erkennt den Teufel als psychische Wirklichkeit. Sie entdeckt die Bedeutung des Teufelsglaubens für den Ablauf psychischer Prozesse und gesellschaftlicher Mechanismen.
Darf der christliche Glaube den Teufel als Projektion abtun? Welcher Sinn wohnt dem Reden vom Teufel inne, wie es Bibel und Tradition üben? Und wie käme der christliche Glaube dazu, wieder „Teufel auszutreiben"?
Das vorliegende Bändchen versteht sich nicht als Beitrag zu einer akademischen Diskussion über den Teufel. Auf wissenschaftlicher Ebene wäre natürlich noch unendlich viel zum Thema zusammenzutragen und zu würdigen. Die Hinweise im Anhang können den interessierten Leser aber auf die Spur zu weiteren Nachforschungen setzen. Die drei Beiträge bauen nicht systematisch aufeinander auf; man muß bei der Lektüre also nicht ihre Reihenfolge einhalten. Sie verfolgen ein anderes Ziel als das der wissenschaftlichen Erörterung: Sie wollen den Leser dazu inspirieren, sich „seine Gedanken" zu machen. Es gibt ja keinen Menschen, der nicht zum Thema Teufel etwas beitragen könnte.

Hans-Martin Barth

Einen informativen Überblick über die jüngste innerkatholische Diskussion gibt die „Herder Korrespondenz" im Heft 3 ihres 27. Jahrgangs, 1973, S. 125–131; dort ist auch die Papstansprache vom 15. November 1972 in deutscher Übersetzung abgedruckt (S. 125–127). Die Auseinandersetzung im deutschsprachigen Raum bewegte sich besonders um das nur 75 S. starke Bändchen des (katholischen) Tübinger Alttestamentlers *Herbert Haag:* „Abschied vom Teufel" (Benziger Verlag/Einsiedeln 1969, 4. Auflage 1973!). Das von *Thomas und Gertrude Sartory* vorgelegte Buch: „In der Hölle brennt kein Feuer" (Kindler/München 1968; überarbeitete Taschenbuchausgabe bei dtv 1974 unter dem Titel: „Nach dem Tod – die Hölle?") versucht, mit der Höllentradition der katholischen Theologie und

Frömmigkeit abzurechnen. Auch *Friedrich Heers* „Abschied von Höllen und Himmeln“ (Bechtle 1970) ist in diesem Zusammenhang zu nennen.
Mit dem oben S. 9 gebrachten Zitat aus der „Sankt Pauli-Zeitung“ (Januar 1970) schließt *Ulrich K. Dreikandt* seine bis in die Antike zurückgreifende Sammlung: „Schwarze Messen. Dichtungen und Dokumente“ (Carl Hanser Verlag/München 1970).

Heinz Flügel

1. BEGEGNUNGEN MIT DEM BÖSEN IN DER NEUEREN LITERATUR

1.1 Zwischen Mythologie und Theologie

Keine Frage, die Literatur hat seit je auf intensive Weise mit dem Bösen und seinen teuflischen Inkarnationen zu schaffen. Längst vor dem durch den katholischen Theologen Herbert Haag und seine Schrift „Abschied vom Teufel" ausgelösten theologischen Disput über die Realität des Teufels ist die Begegnung mit dem Bösen für die Literatur ein faszinierendes Thema und ein Problem von existentiellem Ernst gewesen. Im Unterschied von der informierenden, argumentierenden und interpretierenden Literatur ist hier, wie sich versteht, die darstellende Literatur gemeint. Sie reflektiert nicht nur über das Böse oder den Bösen; sie beschwört vielmehr Manifestationen und Figurationen des Bösen, indem sie es benennt. Ihr Problem ist dabei nicht die Frage nach der dogmatischen Verbindlichkeit einer Teufelslehre, wie sie Papst Paul VI. in seiner Stellungnahme zu der Schrift von Herbert Haag postuliert; in der Literatur handelt es sich grundsätzlich nicht um Glaubensbekenntnisse, sondern um Selbstbekenntnisse, also um unkonfessionelle Konfessionen. Vergegenwärtigung, aber nicht Verkündigung ist ihr Geschäft. Hier ereignen sich gewissermaßen Teufelsbeschwörungen und Dämonenaustreibungen durch den Akt der Benennung, ohne daß damit Behauptungen von theologischer Verbindlichkeit aufgestellt würden. Die theologische Unverbindlichkeit wird von der Literatur vorausgesetzt. Wenn uns also in den folgenden Beispielen mehrfach der Teufel als mythische Gestalt begegnet, so wird damit nicht etwa für den Glauben an den Teufel im Sinne des kirchlichen Lehramtes in Rom optiert. Die

Literatur würde sich selbst an den Galgen liefern. Durch Dogmatisierung wird der Mythos vernichtet. Die Personifikation des Bösen in der Literatur besitzt Geltung nur als mythische Chiffre für das Geheimnis des Bösen, das als eine transpersonale Macht allerdings weit mehr ist als die Bosheit des einzelnen.

Muß man indessen diese Mythisierung des Bösen und den literarischen Umgang mit dem mythischen Bösen nicht für etwas ebenso Bedenkliches und Gefährliches halten wie die Leugnung oder auch nur die Bagatellisierung seiner Existenz? Die Benennung des Bösen in der „schwarzen Literatur" ist in der Tat ein gefährliches Experiment, ein widerspruchsvolles Unternehmen. Von Jean Genet, dem „Exverbrecher", der, zu lebenslänglicher Haft verurteilt, 1948 begnadigt wurde, sagt Jean Paul Sartre: „Indem Jean Genet uns mit seinem Übel ansteckt, befreit er sich selbst von ihm... Mit jedem Buch wird dieser Besessene ein wenig mehr Meister des Dämons, von dem er besessen ist." Paul Mauriac hat Genet einen „begnadeten Orpheus des Abschaums" genannt, aber gleichwohl oder gerade deshalb in christlicher Verantwortung das Publikationsverbot für Genets Romane, die voll von Obszönitäten und Blasphemie sind, gefordert. Fürchtete Mauriac jene Ansteckung, die Sartre in Kauf nimmt? Die Frage ist, wieviel wir in Kauf zu nehmen bereit sind, ja, wieweit wir zum Beispiel das Böse in atheistischer Sicht, also das Böse unter totalem Ausschluß der teueren, beziehungsweise der billigen Gnade ernst zu nehmen gewillt sind. Ein Gottesglaube – welcher Religion auch immer –, der das Böse, das Widergöttliche leugnet, ist zwar nicht denkbar; die Wirklichkeit des Bösen ist aber auch ohne Gottesglauben erfahrbar. Ernst Bloch ist daher der Meinung, daß es wohl einen Atheismus, doch keinen Asatanismus gebe. In der Literatur jedenfalls sind die Inkarnationen des Bösen von größerer Evidenz als die Inkarnationen des Guten, des Heiligen. Besteht womöglich – jenseits aller konfessionellen Unterscheidungen – etwas wie ein geheimer Pakt zwischen dem Teufel und der Literatur? Das Drama, so hat Friedrich Hebbel behauptet, habe mit der Wiederbringung des Teufels zu tun; und der überaus geistvolle katholische Philosoph Giovanni Papini bezeichnet es in seinen „Anmerkungen für eine zukünftige Teufelslehre" geradezu als ein Verdienst der Dichtung, den diabolischen Plan des Teufels, seine Existenz in Vergessenheit zu bringen, zunichte gemacht zu haben. Nach dem Rückzug der Theologen seien die berühmtesten Dichter als Wachtposten an ihre Stelle getreten.

Inzwischen haben die römischen Glaubenswächter ihren Anspruch auf die Verkündigung der reinen Teufelslehre drastisch zum Ausdruck gebracht, indem sie im „Osservatore Romano" in Bezug auf den Teufel verlautbaren ließen, wer die Realität dieser Existenz bestreite, stelle sich außerhalb der biblischen und kirchlichen Lehre. Eine ganz unvermutete Schützenhilfe wurde den Interpreten der päpstlichen Doktrin scheinbar von atheistischer Seite zuteil, von dem marxistischen Philosophen Leszek Kolakowski. Nachdem dieser unabhängige Denker noch während seiner Lehrtätigkeit an der Universität Warschau seine tiefe menschliche Sympathie für Jesus als die Verkörperung des Willens zur unbedingten Wahrhaftigkeit bekundet hatte, untersucht er nun in seinen „Gesprächen mit dem Teufel" den dialektischen Kniff des Teufels, sich derer zu bedienen, die seine Existenz leugnen. „Schon vor Jahrhunderten", so schreibt der in abendländischer Geistesgeschichte bestens Bewanderte, „haben Theologen festgestellt, daß man die Parteigänger des Teufels am leichtesten daran erkennen könne, daß sie seine Existenz verleugnen." Folgerichtig empfiehlt denn am Schluß einer „Pressekonferenz" der listige Diabolos, seine Ausführungen schleunigst wieder zu vergessen und alles entschieden abzustreiten.

Sollten die „Gespräche mit dem Teufel" von Kolakowski wirklich nur als intellektuelles Spiel gemeint sein? Nach dem Erscheinen seiner Schrift über „Die Gegenwärtigkeit des Mythos" dürfte sich dieser Verdacht nicht aufrechterhalten lassen. In einem Interview erklärt Kolakowski sogar dezidiert, ein Christentum ohne Teufel erscheine ihm flach und sinnlos. Dennoch können die Anhänger der päpstlichen Teufelslehre sich seiner Unterstützung nicht erfreuen, falls sie auf ihrem Realitätsbegriff beharren. Für Kolakowski ist der Teufel ein Mythos – nicht mehr, aber auch nicht weniger. Überraschend genug ist die subtile Beweisführung Kolakowskis, daß wir gerade in der säkularen, rationalen Welt der mythischen Bilder und der religiösen Symbole im Bewußtsein bedürfen. Zumal das schreckliche Rätsel der Heraufkunft des Bösen, so wäre ferner im Anschluß an Paul Ricoeurs „Symbolik des Bösen" zu bedenken, ist schlechthin nicht anders als in Chiffren auszudrücken. Und noch einmal sei an dieser Stelle hervorgehoben, daß die Dogmatisierung, wie sie die römischen Glaubenswächter betreiben, den Mythos vernichtet. Was als Mythos wahr ist, wird als Dogma zum Nonsens. Die Erfahrungen mit dem Bösen lassen sich in der Literatur nur unter der Voraussetzung der Freiheit von jeder theologischen Doktrin vergegenwärtigen.

Die Argumente des Teufels in Kolakowskis „Gesprächen" sind als solche keineswegs neu: sie finden sich sowohl im „Osservatore Romano" als auch in Baudelaires „Joueurs généreux", aus denen wiederum André Gide in seinem Tagebuch 1939–1942 zitiert: „Die schönste List des Teufels ist, Euch zu überreden, daß man ihn nicht zu fürchten brauche, weil es ihn gar nicht gibt." Das gleiche kommt bei dem brasilianischen Romancier Joâo Guimarâes Rosa, dem Verfasser des großen Romans: „Grande Sertâo" zur Sprache: Gibt es den Teufel oder gibt es ihn nicht? Um diese Frage kreisen immerfort die emotionalen Erwägungen Riobaldos, den Rosa sein Leben erzählen läßt, das er als Bandit und Bandenführer im elementaren, chaotischen Nordosten Brasiliens verbracht hat. Eine Antwort auf seine Frage könnte man dem – von Rosa in einem Gespräch mit Günter W. Lorenz erwähnten – paradoxen Sprichwort der Sertanejos entnehmen:

„Es gibt keinen Teufel, deshalb ist er ja auch so stark." Mit dem geradezu klassischen Trick, sich selbst zu bestreiten, operiert der Teufel auch in Dostojewskis Roman gegenüber seinem Gesprächspartner Iwan Karamasow auf eine theologisch verwirrende, aber keineswegs atheologische Weise. Er gibt sich einmal als eigene Realität, das andere Mal als Halluzination aus, als Figuration einer krankhaften Einbildungskraft, als Projektion. Aber wenn Projektion, Projektion wovon? Etwa vom „sogenannten Bösen", dem animalischen Aggressionstrieb, den Konrad Lorenz ins Spiel bringt? Die Kategorien der Verhaltensforschung allein reichen aber angesichts des Bösen ebensowenig aus wie die Begriffe der Soziologie und der Psychologie. Das Problem ist bei weitem komplizierter, ja, die Kompliziertheit ist das Problem. Im Komplizierten, meint Julien Green, erblicke der Teufel seine Chance, während die Einfachheit ihn verwirre. Sowohl bei Dostojewski als auch bei Thomas Mann im „Doktor Faustus" erhebt der Teufel Anspruch auf das Ingenium, auf die geistige Potenz, um sie zu pervertieren und zu dämonisieren. Im gleichen Sinne trifft der Teufel Paul Valérys seine Wahl. Zum Beispiel dieser da — so erläutert er seine Kriterien — war nicht intelligent genug, als daß ich ein Recht auf ihn gehabt hätte; er besaß nicht genug Geist; er war so dumm, daß er mich besiegt hat.
Gerade der schöpferische, durch die Gottesgabe des Geistes qualifizierte Mensch geriete demnach unter dem Zwang einer schicksalhaften Notwendigkeit in den Spannungsbereich des Bösen. „Kein Kunstwerk", so drückt es André Gide provozierend aus, „entsteht ohne die Mitwirkung des Teufels", und rät daher seinem Gesprächspartner Julien Green, „Kurs auf den Dämon zu nehmen". Die dichterische Beschäftigung mit dem wirklichen Menschen erfordert unleugbar eine intime Kenntnis des Bösen, eine innerliche Vertrautheit mit der Sünde. Literatur ohne Einschlag des Bösen wäre eine ästhetische oder eine fromme Harmlosigkeit, beziehungsweise eine idealistische oder rationalistische Belanglosigkeit, während sie gewiß

andererseits ohne den Einschlag des „Guten“, des „Heilen“, zum Scheitern verurteilt wäre.
Von einem regelrechten faustischen Pakt mit dem Teufel, einem bewußten Experiment mit dem Verbrecherischen und Bösen, ist in der neueren Literatur mehrfach die Rede, wobei es sich freilich nicht nur um mephistophelische Wetten handelt. André Gide behauptet zwar, weder an Gott noch an den Teufel zu glauben, bekennt jedoch seine Bereitschaft, mit dem Teufel, wenn er an ihn glaubte, sofort einen Pakt zu schließen. Diese Bereitschaft, so ließe sich sagen, ist aber bereits so viel wie der Pakt mit dem Teufel. Wir hätten also André Gide beim Worte genommen, wenn wir die Mitwirkung des Teufels an seinem ironischen Roman „Die Verliese des Vatikans“ vermuteten, der ein brennendes Interesse am Bösen verrät. Das Verbrechen ohne Motiv, ein „crîme gratuit“, von Lafcadio begangen, der ohne Anlaß und Grund einen Mitreisenden aus dem Eisenbahnabteil in den Abgrund stößt, tritt hier zum ersten Male so extrem in Erscheinung. Albert Camus, beeinflußt von André Gide, rollt in seinem Roman „Der Fremde“ einen ähnlichen Fall auf, ein Verbrechen aus Gleichgültigkeit. Bis zu seinem letzten und düstersten Werk mit dem doppelsinnigen Titel „Der Fall“ hat er sich als ein atheistischer Moralist selbstquälerisch der „Verdammten“ angenommen. Im Anschluß an Augustinus, dem seine erste wissenschaftliche Diplomarbeit gewidmet war, bekennt er: „Ich forschte nach dem Ursprung des Bösen und blieb darin befangen.“

1.2 Ästhetizismus und Satanismus

Von jenem morbiden Vergnügen am Satanischen, wie man es fünfzig Jahre zuvor in der Dichtung Baudelaires und in Joris-Karl Huysmans autobiographischem Roman „Tief unten“ zu spüren bekam, ist Albert Camus, der stoische Autor der Résistance im Zweiten Weltkrieg, allerdings weit entfernt. In seinen Ohren gellen die

Schreie der Gefolterten, der Opfer in den Kellern der Geheimpolizei und der Konzentrationslager. In Joris-Karl Huysmans' Schriftsteller Durtal begegnet uns indessen einer jener späterhin von Georges Bernanos mit Leidenschaft und Ironie denunzierten Literaten, die aus ästhetischer Neugier die Welt des Satans aufsuchen, wo „auf dem Kissen des Bösen . . . das weiche Metall unseres Willens wird völlig vaporisiert durch diesen klugen Chimisten", wie es in Baudelaires „Die Blumen des Bösen" heißt. Aus Überdruß am Leben, aus dem Horror vacui, berauscht sich Durtals hysterische Phantasie am Grausamen, am Perversen, Obszönen. Um sich konkretes Material, unmittelbare Informationen für sein Werk, eine Biographie des satanischen Gilles de Rais, der im 15. Jahrhundert lebte, zu beschaffen, ist Durtal bereit, mit dem Satan zu paktieren und sich persönlich auf das Abenteuer des Bösen einzulassen. Sein Roman gipfelt in einem Besuch der schwarzen Messe, deren obszönes Ritual der Anbetung Satans gilt. Papini bezeichnet Frankreich als das gelobte Land des Satanismus; doch nicht nur dort werden bis auf den heutigen Tag blasphemische Messen mit kultischen Blutopfern zelebriert, auch aus den Bereichen der Subkultur in England wird von ähnlichen Manifestationen des Satanismus berichtet. Kennzeichnend hierfür ist allemal die Umfunktionierung des Sakramentalen ins Sexuelle. So erfährt auch Huysmans' Durtal die satanische Infektion im sexuellen Akt mit einer Teufelsanbeterin. Dazu gehört, daß Brocken einer geschändeten Hostie auf das schmutzige Liebeslager gelangen. Durtal findet übrigens, wie Huysmans in einem weiteren Roman erzählt, in tiefer Reue am Ende seinen Frieden als Laienbruder im Kloster, im Schatten der Kathedrale.

Auf die konsequent „manichäische Gleichsetzung von Sünde und Sexus", von Bosheit und Fleischlichkeit, die Donat O'Donell als „das heimliche Laster der katholischen Romanschriftsteller Frankreichs" beschreibt, wäre schließlich das perverse Experiment zurückzuführen, das in Pierre Klossowskis Roberte-Trilogie in unserer Zeit ein dämonengläubiger Professor des kanonischen Rechts mit seiner eigenen Frau anstellt, indem er sie, eine politisch linksengagierte Atheistin, zu Ehebrüchen animiert, um sie durch fleischliche Verfehlungen, durch obszöne Erniedrigung zum Sündenbewußtsein zu bringen. So proklamiert der alte Gnostiker mit dialektischer Heimtücke die „Gesetze der Gastfreundschaft“, die es jedem Gast seines Hauses erlauben, sich seiner ungewöhnlich schönen Frau sexuell zu bedienen. Diese läßt das alles nicht ohne Lust, aber in ihrer geistigen Substanz unversehrt und unbekehrt mit sich geschehen. Denn: „Gibt es etwas Empörenderes, als zum Guten allein über die Versuchung durch das Böse gelangen zu wollen?“ Ein Rezensent bemerkt zu den von Klossowski mit größtem sprachlichem Raffinement geschilderten Szenen, die durch die Vereinigung von Poesie und Pornografie faszinieren, daß die Exzesse der sündigen Phantasie weniger die Heldin als den Leser gefährden, indem sie ihn zum Komplizen des lüsternen Dialektikers machen. Auf das Kardinalproblem unserer Untersuchung fällt von da her ein Licht von gleißender Schärfe. Julien Greens Tagebuchnotiz, ohne Sünde gebe es keinen Roman, bestätigt, daß die geheimnisvolle Relation zum Bösen die eigentlich bedrängende Frage des Dichters ist, aber nicht die — man verzeihe! — doch recht provinzielle Frage nach der „Verkündigung“.

1.3 Die Sünde der Ichverweigerung

In der Welt Julien Greens, des erst später zum Katholizismus übergetretenen Halbamerikaners, erscheint uns, entsprechend der Herkunft des Autors, das Böse auf dem Hintergrund einer puritanischen Anthropologie. Hier ist nichts zu finden von dem durch die manichäische Verwerfung des Fleisches provozierten Protest obszöner Sinnlichkeit; dafür verdunkelt das Werk Julien Greens jene „Traurigkeit, die daher kommt, daß man existiert“. Aus dem Daseinsekel, der Lebensangst und dem Grauen

der Verlassenheit bricht hier das Böse hervor, etwa als sinnloses Verbrechen, als crîme gratuit wie im „Leviathan“. Die Langeweile erweist sich, wie mit Sören Kierkegaard zu bedenken ist, als der Nährboden der Sünde. Julien Greens Roman „Wenn ich Du wäre“ liest sich wie eine Paraphrase über die Sünde, die Julien Green sich selbst im Tagebuch am meisten zur Last legte, nämlich: sich nicht abzufinden mit seinem Menschenlos, mit der Bestimmung, ich selbst zu sein. „Ich hatte es satt“, so schreibt er, „der Mensch zu sein, der ich immer gewesen bin.“ An Fabien Especelle, einem kleinen unscheinbaren Büroangestellten, demonstriert er uns dieses Leiden am quälenden Rätsel der Identität, das wiederum die Sehnsucht hervorbringt, sich zu verwandeln, sich umzubenennen und seine Person zu vertauschen. Den unglücklichen Versuch, „sich umzudichten“, läßt auch Max Frisch seinen Anatol Stiller unternehmen und — mit noch größerem spielerischem Raffinement — das unbekannte Ich, das in dem Roman „Mein Name sei Gantenbein“ sich in fiktiven Geschichten wie in verschiedenen Kleidern ausprobiert.
In Julien Greens Roman wird das Thema der Ichverweigerung durch die Dazwischenkunft des Teufels radikalisiert, der sich als Antwort auf den verzweifelten Ruf eines Menschen einstellt, welcher sich selbst verachtet und haßt. Monsieur Brittomard verkörpert das heillos gierige Verlangen Fabien Especels nach Lebenssteigerung, nach mehr Existenz. Fabiens Verhandlungspartner hat freilich nichts von der witzig-negativen Intellektualität des Mephistopheles an sich; er erscheint vielmehr als ein schmierig-neugieriger Kleinbürger, der nicht durch Fixigkeit auffällt, sondern durch die widerwärtige Langsamkeit eines blutsaugerischen Insekts. Weil der Teufel — als mythisches Phänomen verstanden — eine Unperson ist, ohne Identität und Gesicht, kann er sich nur dadurch zur Geltung bringen, daß er sich chamäleonsartig dem jeweiligen Partner anpaßt. Thomas Manns Serenus Zeitblom kennzeichnet im „Doktor Faustus“ das Auftreten

des Teufels daher als Mimikry, als Mummenschanz und Fexierspiel. Das erinnert an mephistophelische Gestikulation. In Wirklichkeit geht es um mehr: es geht um eine satanische Inkarnation. Denn — so läßt sich der Teufel in Dostojewskis „Gebrüdern Karamasow" vernehmen — „mein Ideal ist es, mich zu verkörpern". Die eigene Leiblichkeit ist ihm versagt. So erscheint der „Leibhaftige" jedesmal als Projektion, doch er ist durchaus nicht einfach eine psychologische Projektion. Er ist nicht definierbar. Etwas Identisches ist definierbar, doch nicht das, was die Identität verneint und das Identifizierte zunichte macht. Kolakowski beschreibt den Teufel als den Zerstörungstrieb schlechthin. Dieser begnügt sich nicht mit der materiellen Zerstörung; er ist vielmehr darauf aus, zu zerspalten, um das Zerspaltene zu dämonisieren. Das eigentlich Böse ist der Atomzerfall der Persönlichkeit, die Atomisierung der Existenz. Indem Julien Greens Monsieur Brittomard die „von Gott kunstreich erdachte Qual der Identität" beklagt, macht er zugleich sein heimtückisches Angebot, mittels magischer Manipulation die Identität zu beseitigen, schmackhaft; scheinbar ist es ein positives Angebot: mit der Befreiung aus der beängstigenden Enge des Ichselbstseins verspricht es Lebenssteigerung durch Personentausch und dämonische Kommunikation. Warum sollte der kleine, verträumte Büroangestellte Fabien Especel, der gar zu gern ein Dichter wäre, sich nicht einlassen auf ein solches Geschäft, nachdem Goethes Professor der Philosophie, der Theologie und verschiedener anderer Disziplinen, Doktor Heinrich Faust, auf die Hoffnung, im Nichts des Teufels das All zu finden, hereingefallen war? Die Bedingung, unter welcher Fabien die abenteuerliche Seelenreise antritt, ist indessen viel einfacher, man möchte sagen, bürokratischer als im Falle Faust, wo am Ende nicht einmal klar ist, wer eigentlich die ausgeklügelte Wette gewonnen hat. Fabien braucht nur die magische Formel, die den Personentausch bewirkt, und seinen ursprünglichen Namen in Erinnerung zu behalten, um jederzeit die Rückkehr zu seiner Ausgangsposition, das heißt in sein eigenes Ich, antreten zu können. Brittomard spekuliert selbstverständlich darauf, daß Fabien im Verlauf des turbulenten Szenenwechsels die Formel und seinen Namen vergißt. Solange Fabien seinen Namen weiß und seine Adresse kennt, bleibt immer noch im Schock des Personentauschs zwischen Ich und Du ein Rest Selbstbewußtsein und Ansprechbarkeit intakt; solange behält auch die göttliche Zusage „Ich habe Dich bei Deinem Namen gerufen, Du bist mein" ihre Gültigkeit. Dem Identitätsflüchtling Fabien Especel ist es demnach bestimmt, bei all seinen Unternehmungen sowohl Ich als auch Nicht-Ich zu sein. Der Vergleich mit dem „Seltsamen Fall Dr. Jekyll und Mr. Heyde" von R. L. Stevenson, der ebenfalls puritanischer Herkunft war, drängt sich auf: ohne direkte Intervention des Teufels gelingt es in diesem Stück schwarzer Literatur Dr. Jekyll ein Pulver herzustellen, das ihm die Verwandlung in sein Alterego ermöglicht; denn der Mensch, so hat er es an sich selbst erfahren, ist ein Doppelwesen, das sich aus zwei Naturen zusammensetzt, ein Gemisch einander widersprechender Kräfte. Wenn es glückte, die guten und bösen Elemente zu trennen und in isolierten Personen unterzubringen, meint der an seinem inneren Widerspruch leidende Doktor Jekyll, dann müßte das Leben erträglicher werden. Sein Experiment scheitert am Ende daran, daß das Elexier mehr und mehr an Wirksamkeit einbüßt und der mörderische Mister Heyde sich schließlich nicht wieder in Doktor Jekyll, mit dem er nur noch das Gedächtnis gemeinsam hat, zurückverwandeln läßt. Dr. Jekyll geht als Edward Heyde, als das abgespaltene bösartige Alterego, zugrunde.

Auf andere Weise vollzieht sich an Fabien Especel die Spaltung der Person: er entläßt nicht aus sich ein anderes, schlechteres Ich, sondern bemächtigt sich des Du mit Hilfe der Formel Brittomards in einem magischen Gewaltakt. Sein gelangweiltes Ich vermag zwar den Körper und die Attribute einer von ihm verschiedenen Person, in welcher er glücklicher zu werden hofft, zu usurpieren; doch was ihn, so oft er auch die Personen tauscht, an sein eigenes ursprüngliches Ich erinnert, ist die sich wiederholende Erfahrung des Unbehagens, des Ekels, der Ichverweigerung, der Gefangenschaft in einem anderen Ichselbst. Das Hinüberwechseln in ein neues Nichtich geschieht daher unter zunehmender panikartiger Angst. Das Experiment artet aus in eine richtungslose, verzweifelte Flucht; denn „nur die Sünde ermöglichte ihm den Zugang zu den anderen Seelen". Die dämonische Kommunikation besteht also in der Sünde der Ichverweigerung, der Selbstverachtung; und folgerichtig versagt die Formel an einem Kinde, in das Fabien sich zu retten begehrt, weil es sich noch „im Stande der Gnade" befindet. Die komplizierten, nicht die einfachen Seelen eignen sich für das Experiment Brittomards. Hin- und hergerissen zwischen Neugier und Angst, in einer mittelmäßigen Person zu stranden oder gar in der Seele eines Verdammten zu scheitern, gerät Fabien fast an den Punkt, wo er schon nicht mehr unterscheiden und der Versuchung widerstehen kann, sich völlig der atomisierenden Gewalt des Bösen, der endgültigen Selbstentfremdung auszuliefern. Aber noch ist nicht ganz die Erinnerung an seine ursprüngliche Identität erloschen, noch spürt er dumpf das Verlangen: ich will ich selber sein; und die bange Frage treibt ihn um, wer bin ich eigentlich, wie heiße ich, wo bin ich zu Hause? Mehr als der Vorname Fabien und der Wortlaut der Formel ist ihm nicht mehr im Gedächtnis geblieben. Auf der Suche nach seiner Adresse rekapituliert er dann noch einmal die einzelnen Stationen der unheimlichen Seelenreise, bis er doch noch in der Person des hübschen Camilles, des armseligen Dummkopfs, vor die Tür des bescheidenen Zimmers gelangt, wo Fabien seit Tagen, während die Seele wanderte, bewußtlos liegt. Aus dem Grenzenlosen ins Begrenzte heimgekehrt, nimmt er sich selbst in seiner Endlichkeit an; indem er nunmehr wieder mit sich übereinstimmt, akzeptiert er zugleich seinen Tod. Von einem rettenden Eingriff Gottes wird nicht gesprochen. Gott sei Dank! Julien Green hat den apologetischen Roman ausdrücklich abgelehnt. Daß auf einem Zettel mit Notizen von Fabien der Name Brittomard ausgestrichen ist, genügt im epischen Kontext.

1.4 Der Teufel als Doppel-Ich

Während Julien Green an seinem Roman arbeitete, wurde er von André Gide auf die von ihm herausgebrachten „Vertraulichen Aufzeichnungen und Bekenntnisse eines gerechtfertigten Sünders“ von James Hogg aufmerksam gemacht. Für uns ist der Roman des Schotten – auch er, ein Freund Walter Scotts, puritanischen Geistes – durch André Gides kommentierende Einleitung noch besonders interessant geworden. „Unter allen Vorstellungen des Teufels in Kunst und Literatur“, heißt es im Vorwort, „wüßte ich mir keine vortrefflichere.“ Der Teufel nämlich bedient sich in diesem Fall zur Erreichung seines Zieles der Theologie, genauer: er benutzt die extreme Prädestinationslehre des orthodoxen Calvinismus, die Lehre der „Antinomianer“, um sein Opfer, dem er als Doppelgänger, als ein fanatischer Anhänger der Prädestinationslehre, begegnet, zur Strecke zu bringen. Mit Erstaunen nimmt Robert an seinem Glaubensgenossen wahr, „daß er dasselbe Wesen wie ich selber sei“. Durch intensive Betrachtung – so erklärt der Teufel das verwirrende Phänomen –, durch Analyse mache er sich die Geheimnisse einer Person und schließlich diese selbst zu eigen. Die totale Anpassung erweist sich als die raffinierteste Form der satanischen Metamorphose. Er agiert nicht als Gegen-Ich, sondern als Roberts Doppel-Ich, indem er dessen innerste Intentionen, die Rechtfertigungslehre, radikalisiert und dämonisiert. „Ein Träger der strammsten Orthodoxie kann dämonisch sein“, liest man bei Sören Kierkegaard. Gerade sein unbedingter Glaube, ein gerechtfertigter Sünder zu sein, macht Robert zum geeigneten Objekt des teuflischen Anschlags. So findet sich

das in seiner Einseitigkeit radikalisierte Prinzip der Rechtfertigungslehre zu unserem Schrecken im Arsenal des Diabolos. Auch der „Dienstanweisung an einen Unterteufel" von C. S. Lewis ist zu entnehmen, daß nicht die Leugnung des christlichen Glaubens, sondern seine Pervertierung die wirksamste Methode des Teufels sei. Das Ende ist auch hier – nämlich in James Hoggs Roman – eine aus dem fanatischen Haß auf alle Nicht-Rechtgläubigen sich zwangsläufig ergebende private Ketzerverfolgung samt Brudermord. Dabei löst sich wie im Atomzerfall die Substanz des Besessenen oder vielmehr die von seinem Doppelgänger ausgelaugte Person dermaßen auf, daß er, sich selbst unwirklich geworden, seine Verbrechen, schließlich den Muttermord, im dämonischen Trancezustand vollbringt. Obschon überzeugt davon, daß er in einer zweiten Person existiere, besitzt er doch nicht genug Unterscheidungskraft, das Inkognito seines Gefährten, dem er unlösbar verbunden bleibt, zu lüften und sein Doppel-Ich als den Anderen, als den Teufel, zu identifizieren. Die Identifizierung würde aber Robert, würde den verteufelten Menschen „entlasten" und ihn vor der endgültigen Vernichtung bewahren.
Spricht demnach nicht alles für jene strittige theologische These, welche die Realität des Teufels behauptet? Ebenso wünscht sich Iwan Karamasow nach seiner Teufelsbegegnung inständig, „daß er tatsächlich er wäre und nicht ich!" – was ihm zu seinem Trost von dem jüngeren Bruder Aljoscha bestätigt wird: „Du bist nicht ganz verloren, du bist nicht der Satan selbst." Demselben beängstigenden Problem sieht sich Serenus Zeitblom in Thomas Manns „Dr. Faustus" konfrontiert, als er im Verlauf seiner Erzählung auf Adrian Leverkühns Begegnung mit dem Teufel zu sprechen kommt, die er folgendermaßen kommentiert: „Gab es aber nicht den Besucher – und ich entsetze mich vor dem Zugeständnis, das darin liegt, auch nur konditionell und als Möglichkeit seine Realität zuzulassen! – so ist es grausig zu denken, daß auch jene Zynismen, Verhöhnungen, Spiegelfechtereien aus der

eigenen Seele des Heimgesuchten kamen ..." Andererseits besteht Karl Barth, der Theologe, — jedenfalls in seinem Kommentar zum Römerbrief — unnachgiebig darauf, daß die Nichtidentität mit dem Bösen keine Entlastung, sondern selbstgesprochenes Urteil sei.

1.5 Das Teuflische — auf deutsch gelebt

Die Frage, wie weit wir das oder den Bösen mit dem Menschen identifizieren oder nicht identifizieren dürfen, ist um so brisanter, als sie in Thomas Manns Roman nicht nur den einzelnen, sondern die gesamte Gesellschaft betrifft, der er angehört. Der Roman enthält mehr als die Tragödie Adrian Leverkühns; er vergegenwärtigt zugleich die Höllenfahrt seines — deutschen — Volkes, das schreckliche Ende einer Epoche, und schließt mit den Klageworten des Erzählers: „Gott sei eurer armen Seele gnädig, mein Freund, mein Vaterland!" Der Pakt, den Adrian Leverkühn faustisch mit dem Teufel schließt, soll also als ein Hinweis auf den Teufelspakt des Hitlerdeutschlands zu verstehen sein. Der Höhepunkt im Schaffen des Tonkünstlers Leverkühn fällt in die Inkubationszeit des Nationalsozialismus. Schon wird im Hause Kridwitz der Faschismus als politische Alternative erörtert, die Rebarbarisierung der Gesellschaft als Gesundungsvorgang diskutiert. Als neurotische Verstrickung, als stillen Satanismus kennzeichnet dagegen Serenus Zeitblom, der Erzähler, den damaligen Geisteszustand der Gesellschaft. Mit der Aufzeichnung von Adrian Leverkühns tragischer Lebensgeschichte ist er zu eben der Teufelszeit befaßt, in der sich die apokalyptische Katastrophe vollzieht, angekündigt durch Adrian Leverkühns Oratorium „Apokalipsis cum figuris". Adrian selbst läßt Thomas Mann, den Haupterzähler, bereits im Jahre 1940 sterben, als „Deutschland ... auf der Höhe wüster Triumphe" taumelte, „im Begriffe, die Welt zu gewinnen, kraft des einen Vertrags, den es mit seinem Blute bezeichnet hatte". Thomas Mann berichtet in seinem Buche über „Die Entstehung des Doktor Faustus", daß er seinerseits „das Monstregespräch" Adrians mit dem Teufel in Palestrina, das zentrale Kapitel des Romans, geschrieben habe, als ihm die hysterischen Deklamationen der deutschen Ansager im Ohre gellten. Diese Seiten über die Hölle seien „nicht denkbar ohne die innere Erfahrung des Gestapokellers". Bei jener Begegnung in Palestrina gibt sich der Teufel als der, den das Wort meint, wohl zu erkennen, obschon er auch hier Verwirrung stiftet, indem er dem Partner dessen eigene verzerrte Wesenheit vorspielt und sich, immerfort die Erscheinung wechselnd, in seiner Personlosigkeit gefällt. Die Unperson ist ohne Namen. „Ich habe ja fast nur Neckнämchen", konstatiert der Besucher, der sich im übrigen gern einer altertümelnden lutherischen Sprache bedient — und dies nicht von ungefähr; denn, „wo der Hochmut des Intellekts sich mit seelischer Altertümlichkeit und Gebundenheit gattet, da ist der Teufel". So heißt es in Thomas Manns „Vortrag über die Deutschen".

Anwesend als „hintergründiger Held" des Romans ist der Teufel von Anbeginn an: in Leipzig ist er der Fremdenführer, der Adrian ins Bordell schleppt, wo ihn der „Engel des Giftes" infiziert, und in Halle begegnet dem jungen Theologiestudenten der Leibhaftige als Doktor Schleppfuß, der die dialektische Zusammengehörigkeit von Gut und Böse lehrt: das Böse, beziehungsweise der Böse selbst, sei ein notwendiger Ausfluß und ein unvermeidliches Zubehör der heiligen Existenz Gottes. Der lutherische Professor Kumpf dagegen sieht den Erzbösewicht vor allem in der Vernunft am Werke: dem „deutschen Glaubenshelden" nacheifernd wirft er mit Buttersemmeln nach dem Satanas. Im übrigen ist Professor Kumpf, wie sich versteht, ein „massiver Nationalist". Von der Theologie, die Adrian aus Hochmut zu studieren unternahm, wechselt er über zur Musik, weil in ihr die Zweideutigkeit ihren vollkommensten Ausdruck finde, insofern sie eine „uneingeordnete Ordnung" sei, etwas Schöpferisch-Destruktives. Solche Ambivalenz, solche explosive Konstruktivität, gilt denn auch als Kennzeichen von Adrian Leverkühns eigenen Kompositionen. Ihn habe bei Adrians Endwerk, schreibt Thomas Mann in seinem Bericht über die Entstehung des Doktor Faustus, „etwas Satanisch-Religiöses, Dämonisch-Frommes, zugleich Strenggebundenes und verbrecherisch Wirkendes" vorgeschwebt. Das fiktive Werk Adrians müsse dem Vorwurf sowohl des blutigen Barbarismus als auch des blutlosen Intellektualismus ausgesetzt sein. Man habe darin eine musikalische Entsprechung dessen zu sehen, was damals — zur Zeit der Niederschrift des Romans — mit der Zündung der ersten Atombombe geschah.

Die theologische Konzeption, die Adrians Endwerk, dem Oratorium „Dr. Fausti Wehklag", zugrundeliegt, verdankt sein Schöpfer der Lehre des zwielichtigen Doktors Schleppfuß in Halle. Auf ihn sind Adrians Erwägungen über die felix culpa der Osterliturgie, die „wahrhaft notwendige Sünde Adams", zurückzuführen: eine Sündhaftigkeit, so heillos, daß sie ihren Mann von Grund aus am Heile verzweifeln läßt, sei der wahrhaft theologische Weg zum Heil; gerade durch die verworfenste Schuld werde die Gnade herausgefordert. Demgemäß weist Faust in Adrians Oratorium jeden Gedanken an Rettung zurück, „weil er die Positivität der Welt, zu der man ihn retten möchte, die Lüge ihrer Gottseligkeit, von ganzer Seele verachtet ...".

Die unselige Ambivalenz menschlichen Wesens ist also am künstlerischen Schaffen deutlich abzulesen: das triumphierende, faustische „Über-sich-hinaus" ist ein Ausdruck radikaler Verzweiflung; in der dämonischen Steigerung der künstlerischen Potenz verbirgt sich ein Prinzip der Vernichtung. Von Anfang an ist in Adrian diese „zum Teufelspakt prädisponierende Verzweiflung" angelegt, die ihn den Mitmenschen gegenüber hochmütig verschlossen und gleichgültig macht. Seiner Genialität fehlt es völlig an Partizipation, und seine Musik, so urteilt einer der Freunde, sei unmenschlich. Die hybride Konstruktion des Werkes wird vom Teufel erkauft durch seelische

Sterilität unter der Bedingung: „Du darfst nicht lieben." Adrian ist selbst davon überzeugt, daß der giftige Einfluß seiner Teufelsbindung das Kind Nepomuk tötete. Was sich insgesamt an und um Adrian Leverkühn vollzieht, ist aber nichts Isoliertes: es ist symptomatisch für seine ganze Epoche. Dazu gehört auch der „prämeditierte, vom Teufel verlangte Mord" an dem Geiger Rudi Schwertfeger durch die Morphinistin Ines Institoris, dazu der Selbstmord Clarissas, die durch einen Schurken in den Tod gejagt wird, dessen „infame Eitelkeit" nach einer Frauenleiche verlangt, dazu gehört schließlich und vor allem insgesamt das, was damals — nach den Worten des Erzählers Serenus Zeitblom — „auf deutsch gelebt hat" und „dasteht als ein Abscheu und als Beispiel des Bösen".

1.6 Der Abschied vom mythologischen Teufel

Zur gleichen Zeit etwa wie Thomas Mann den „Doktor Faustus", eine deutsche Apokalypse, beendete, brachte George Bernanos seinen düstersten Roman „Die tote Gemeinde" zum Abschluß. Das ganze Werk dieses engagierten, wortgewaltigen Autors ist nahezu eine einzige Folge von Varianten seines zentralen Themas: der Kampf des Priesters — also nicht der Pakt des Künstlers — mit dem Bösen. Georges Bernanos selbst war, mit allem Vorbehalt sei dies gesagt, ein „priesterlicher" Dichter: seine Romane sind zumeist mehr gepredigt als erzählt. Doch war dies kein sanftes, konformes Priestertum: sein „Predigen" war voll wütender Polemik. Indem er für die radikale Freiheit des christlichen Gewissens stritt, schrieb er Pamphlete, haßerfüllt und mit schneidender Ironie, so in den „Großen Friedhöfen unter dem Mond" gegen Franco und den Bischof von Mallorca, obwohl er ein zutiefst konservativer Nationalist war. Aber er litt maßlos unter der Krise des Christentums, unter der Entartung des katholischen Gehorsams zum Konformismus aus Bequemlichkeit, und unter der Erstarrung des christlichen

Glaubens zu einem Glauben ohne Gewissen. Überall gewahrte er zu seinem Entsetzen die Verwesungssymptome einer „toten Gemeinde“, über die das Böse gesiegt hat.
In seinem frühesten Roman, „Unter der Sonne Satans“, begegnet dem Abbé Donissant, dem späteren Heiligen von Lumbres, der Satan noch als ein Leibhaftiger, jedoch in immer wechselnder Gestalt. Er verstört den Priester — und nicht weniger den Dichter selbst — durch seine Pseudopersonalität. Der Teufel, meint Abbé Donissant, fürchte am meisten das Mitleid, das ihn, ein gequältes Geschöpf, kraft der Gnade durchschaue. Donissant bemüht sich daher, ihm nicht so sehr mit Haß und Abscheu, wie mit einem übernatürlichen Mitleid zu begegnen. Wenn der Satan jedoch als die vollkommene Abwesenheit der Gnade, der Liebe, als die Kälte selbst erfahren wird, wie könnte er dann Objekt des reinen Erbarmens, der heiligen Liebe sein? Es gibt eine romantische Tradition des Mitleids mit dem Satan, die unter anderem Rimbaud kultiviert hat. Giovanni Papinis Buch wurde deswegen — objektiv gesehen mit Recht — von der kirchlichen Behörde verurteilt. Gewiß, nur die Person, das Geschöpf Gottes, ist der Liebe bedürftig und des Erbarmens würdig. Wer also dem Teufel eine außerhalb des Menschen existierende Personalität, eine lebendige geistige Wesenheit zuerkennt, die — so heißt es in der papalen Ansprache vom 15. 11. 1972 — „wie jede andere Kreatur von Gott ihren Ursprung hat“, beschwört derjenige nicht gerade die manichäische Häresie herauf, die er verurteilt?
Auch Georges Bernanos ist in der katholischen Kritik gelegentlich manichäischen Denkens, der großen Versuchung des Schriftstellers, der den Satan träumt, verdächtigt worden. In seinen späteren Büchern hat Bernanos allerdings selbst dem mythologischen Teufel der Tradition den Abschied gegeben. Und in der Tat: wahrhaft furchtbar ist der Teufel erst da, wo er nicht mehr wie in der „Sonne Satans“ als Partner, als mythologische Per-

son, als leibhafter Gegenspieler in Erscheinung tritt, sondern – so in der „Toten Gemeinde“ – ohne Namen und Kontur, ungreifbar, aber gegenwärtig ist. Der mysteriöse Mord an einem Hirtenknaben in der Gemeinde von Fenouille – anscheinend ein Mord ohne Motiv – bleibt deshalb unaufgeklärt, weil keiner im Dorf und im Schloß wirklich die Gerechtigkeit und die Wahrheit will. Statt dessen beschuldigt man sich gegenseitig durch Klatsch und anonyme Briefe. Das Böse ist kollektiviert; es ist längst vorhanden, bevor das Verbrechen geschieht; die Mauern der Häuser, sogar die Erde, sind davon infiziert. Die Gemeinde wartete gewissermaßen auf das Verbrechen. Das Verbrechen signalisiert die allgemeine Verkommenheit, die Substanzlosigkeit, den Verlust der Seele. Oder vielmehr: das Verbrechen ist das Produkt des kollektivierten Bösen.

Nicht ohne eine infame Logik argumentierte bei seinem Prozeß in Kalifornien Charles Manson, der mit seiner Kommune auf grausige Weise die Filmschauspielerin Sharon Tate ermordete: „Ich bin das, was ihr aus mir macht. Aber was ihr wollt, ist ein sadistischer Teufel, weil es genau das ist, was ihr seid.“ Dasselbe trifft auf jenen dubiosen Monsieur Ouine, der dem Roman von Bernanos im französischen Original den Namen gegeben hat, zu. Der alte Sprachlehrer, der sich schmarotzerhaft im Schlosse eingenistet hat, dessen Herrin ebenfalls an der allgemeinen Verkommenheit teilhat, residiert dort als Exponent der kollektivierten Sünde. Der äußeren Erscheinung nach ist er adrett, angenehm höflich und korrekt, aber völlig kalt und indifferent, worauf wohl auch sein Name Ouine = oui-non, das heißt: ja-nein, anspielen soll, der die Verweigerung der Festlegung meint, die Disponibilität, die Verfügbarkeit – sowohl als auch. „Wie andere etwas ausstrahlen, wie andere wärmen, so saugt er“, heißt es von ihm, „alle Strahlen, alle Wärme auf.“ Der Genius des Herrn Ouine ist die Kälte. Im Gegensatz zum priesterlichen Erbarmen ist es die kalte Neugier, „dieses gewaltige Werkzeug der Zersetzung“, die ihn dirigiert. Das Leben sei durch ihn hindurchgeronnen wie durch ein Sieb, gesteht er selbst, niemals sei Gutes noch Böses in ihm gewesen, er habe jedes Gefühl für die eigene Seele verloren: „Ich bin es, der nichts ist." Auf dem Totenbett sieht er aus „wie ein kleines, bösartiges Tier". Ist er der Mörder, beging er den Mord an dem Hirtenknaben als ein satanisches Experiment? Es könnte sein, aber keiner erfährt es.

Weit unheimlicher noch als der halluzinierte, mythische Teufel ist dieser vampyrartige Monsieur Nichts, der geheime Gegenspieler des Priesters. Seine Bosheit ist entsetzlich konturlos; sie hat kein Gesicht, ja, sie ist banal. An Hanna Arendts Erwägungen über die „Banalität des Bösen" wäre hier zu erinnern. Das Verbrechen, das crîme gratuit, ist ohne Motiv und Tiefe. „Der Abgrund ist eine der Lügen Satans", heißt es an einer Stelle des Romans, und im Gespräch mit dem Pfarrer von Fenouille läßt Bernanos den alten Nihilisten sagen: „Das ärgste Unglück der Menschen ist dies, daß ihnen sogar das Böse langweilig wird." Unter dem Aspekt der Ewigkeit ist das Böse der „toten Gemeinde" nur noch ein „klebriger Schlammsee", ein Kollektivschlamm, der kein Mitleiden, sondern nur noch ein Mitfaulen ermöglicht.

Sollte dies die zeitgemäße Epiphanie des Bösen sein? Der mythologische Satan ist nicht mehr am Platze. „Das Individuum liegt im Sterben", lamentiert der Teufel in Paul Valérys „Mein Faust", „das Schicksal des Bösen selbst steht auf dem Spiel." Angesichts solcher Absurdität kapituliert der Pfarrer von Fenouille und nimmt Abschied von der toten Gemeinde. Abbé Donissant konnte noch mit einem Widersacher, einem Gegner, kämpfen; mit dem klebrigen Schlammsee kann man es nicht. Das eigentlich Böse ist anonym, doch es ist organisiert, in Institutionen etabliert, eine kafkaistische, unerreichbare Schloßbehörde. Faßbar sind nur die Eichmänner, die niederen Funktionäre, die Meisterschüler des pervertierten totalen Gehorsams, die banalen Befehlsempfänger. Zuhaus sind sie womöglich brave Familienväter, gutmütige

Spießer. Es können aber auch die Meister einer höchst abstrakten Intellektualität sein: bei aller privaten Integrität tun sie ahnungslos, genial und schizophren „die Arbeit des Teufels", die als physikalischer Forschungsauftrag, als Atomenergieprogramm getarnt ist.

Der von Heinar Kipphardt dramatisierte Prozeß „In der Sache J. Robert Oppenheimer" macht den Teufelskreis evident, das tragische Scheitern des Physikers. Das Scheitern des Verfassers indessen wird durch die distanzierende Form des Dokumentarstücks verhindert. Anders verhält es sich mit dem Autor der „Toten Gemeinde". Mit dem Priester zugleich scheitert der Verfasser dieses tragischen Buches: er selbst kapituliert, überwältigt von den Greueln des spanischen Bürgerkriegs und dem Konkurs der christlichen Kirche im Zweiten Weltkrieg, dem totalen Krieg: „Die Christenheit ist tot, Europa krepiert!" Bernanos, gebannt durch den Triumph des Bösen, vermochte „am Ende des Endes" nur noch zu schreien. Seine Pamphlete, seine Streitschriften sind das Geschrei eines Verzweifelten, den der Anblick der Mittelmäßigkeit empört, der Anblick der Imbéciles, der Dummköpfe, die lieber bereit sind zu töten, anstatt zu denken. Daß der Teufel ein Aufrührer sei, werde zwar standhaft von jenen Imbéciles behauptet: verderblicher als der Aufruhr aber sei der zum Konformismus entartete Gehorsam aus Indifferenz, aus Bequemlichkeit.

Wo jedoch der Teufel dergestalt von der konformistischen Gesellschaft integriert ist, gehört es zur Taktik ihres Systems, sich einen Teufel als Gegenüber zu schaffen, indem man den anderen, den Nichtkonformen, verteufelt. Das wahrhaft Teuflische ist die Verteufelung. Jedes Zeitalter entwickelt seinen eigenen Stil der Verteufelung: Ketzerverfolgungen, Hexenverbrennungen, Judenpogrome, – Auschwitz und Archipel GULAG; jedesmal wird das Böse in das Opfer der Verfolgung hineinprojiziert: das Opfer wird verflucht. Es dient dem Verfolger als Medium seiner Selbstbestätigung. In unserer Epoche – das ist das Spezifische – verteufelt man, indem

man den anderen entmenscht und zur Unperson degradiert. Der Ausgestoßene sieht sich in ein „Ungeziefer" verwandelt.
Von den tragischen Erfahrungen des Judentums inspiriert schuf Franz Kafka mit seinem Prosastück „Die Verwandlung" ein adäquates Gleichnis für das dichterisch sonst nicht mehr zu bewältigende Phänomen der Verteufelung heute. Kafkas Parabel bleibt unausdeutbar: wer oder was hat die scheußliche Metamorphose des verdrucksten und verängstigten Reisevertreters in einen dreckigen Käfer bewirkt? Aus welchem Grunde wird er zur radikalen Entfremdung verdammt? Was entmenscht Gregor Samsa? Warum erniedrigt und verstößt man ihn erbarmungslos? Am Ende wird das tote Ungeziefer, das einmal Gregor Samsa war, wie etwas Aasiges weggeräumt, und erlöst atmet die Familie auf. In seinen Tagebuchaufzeichnungen notiert Franz Kafka über sich selbst: „Ich verstehe den Sündenfall wie kein Mensch sonst." Hat Gregor vielleicht die Funktion des mythischen Sündenträgers, verwandelte ihn die latente Sündhaftigkeit der Familie, der Gesellschaft, in einen ekelerregenden Käfer, um sich der eigenen Gemeinheit und Bosheit mit ihm und durch ihn zu entledigen?

1.7 Das Teuflische – abseits und außerhalb der Sprache

Nachdem vorhin das Stichwort „Auschwitz" fiel, läßt sich in diesem Zusammenhang die Frage nicht umgehen, ob eine literarisch-dichterische Bewältigung der sich in Auschwitz und an all den anderen Stätten des vollendeten Grauens nicht so sehr austobenden wie organisierenden Bosheit überhaupt denkbar ist. Die Frage bezieht sich auch auf Solschenizyns Buch „Archipel GULAG", dem man wohl nur dann gerecht wird, wenn man es eben als „Versuch einer künstlerischen Bewältigung" versteht. Als Dramatiker hat sich Rolf Hochhuth mit nicht zu leugnendem moralischem Ernst an das Thema Auschwitz, das sich zu verbieten scheint, gewagt. Das eigentliche

Problem seines vielumstrittenen Dramas „Der Stellvertreter" scheint mir nicht Pius XII. zu sein, sondern Auschwitz und der Herr dieser irdischen Hölle, der „Doktor", der die „Auslese" vornahm, jener von den Häftlingen als Teufel bezeichnete, äußerlich „schöne und sympathische Mann", der nur „zum Schein ein Mensch", mit Lust an seinem höllischen Werke war. Laut Hochhuths Kommentar besaß er als historische Person das „Format des absolut Bösen". Hochhuth glaubt in seinem Stück mit dieser Rolle wenigstens die Möglichkeit angedeutet zu haben, wie „eine uralte Figur des Theaters und des christlichen Mysterienspiels" auf der Bühne unserer Zeit wieder auftreten könne. Der allzu wortreiche Kommentar des Autors hat indessen die Funktion, das Scheitern des Dramatikers bei dem Versuch, „die Wiederbringung des Teufels" zu inszenieren, was nach Hebbels Meinung eine Sache des Theaters ist, zu erklären. Das Pathos des Moralisten Hochhuth versagt — durchaus in Ehren — vor dem Unsagbaren. Wohl sind ihm einzelne Szenen von makaberer Unwirklichkeit gelungen; aber das Eigentliche entzieht sich der Sprache. Hochhuth war sich von Anbeginn an darüber im klaren, als er seine Erwägungen darüber anstellte, ob und wie Auschwitz auf der Bühne sichtbar zu machen sei: im Stile des naturalistischen Dokumentarstückes oder mit jenen dichterischen Metaphern, durch die uns die Lyrik von Paul Celan und Nelly Sachs geheimnisvoll in ihren Bann zwingt? Würden die Metaphern jedoch nicht den „höllischen Zynismus der Realität", der Todesfabriken, der Vergasungsanlagen, verbergen? Wie hätte statt dessen die Sprache dieser modernen Hölle, das Vokabular der apokalyptischen Reiter von heute zu lauten? Es gibt einige Partien von scheußlicher Überzeugungskraft in Hochhuths Drama, wenn etwa „der Doktor" — im Anschluß an eine authentische Formulierung in einem Tagesbefehl Heinrich Himmlers — das ganze Auschwitz als das kühnste Experiment, zu welchem sich der Mensch entschlossen habe, würdigt und für seine Person dazu einige spezielle Versuche unternimmt, um beispielsweise auszuprobieren, ob die von ihm als Konkubine ausgesuchte Jüdin sich ihm auch noch dann hinzugeben vermag, wenn sie erfährt, daß er ihre beiden Kinder „verheizen“ ließ. „Ich studiere den homo sapiens“, deklamiert er mit Eisenkälte:

> „Gestern sah ich, wie einer der Arbeiter im Krematorium unter den Leichen, die er zerhacken muß, damit sie durch die Ofentür passen, seine Frau entdeckte. Wie reagierte er?“

Aber hier steht der Autor vor einer Entscheidung, in der es um das Schicksal der Dichtung geht: ist es noch möglich, in der Sprache des Unmenschen zu dichten? Hochhuth riskiert es, indem er etwa Adolf Eichmann die „Unrentabilität“ der Judenerschießungen erklären läßt mit den Worten:

> „Erschießen Sie mal
> auf einem Haufen vierzig Waggons
> voll nacktem Geschrei ...
> Nein, erschießen, das ist unmöglich.
> Das macht schlaflos und impotent, Herr Professor.
> Wir haben ja in Europa gut acht Millionen
> zu bearbeiten ...“

Oder als Letztes eine schnoddrige Bemerkung des Doktors, die er mit grausiger Beiläufigkeit macht:

> „Am Dienstag habe ich die Schwester von Sigmund Freud durch den Kamin gepfiffen ...“

Dergleichen hat, wie mich dünkt, gewissermaßen nur den Wert oder vielmehr die Funktion von Zitaten. Die Literatur als solche ist damit an ihre Grenze gelangt. Es scheint mir logisch, daß die quälenden Folterszenen in Edward Bonds Drama „Lear“ fast wortlos auf der Bühne vor sich gehen. Der Behauptung, daß Literatur ohne den Einschlag des Bösen in Belanglosigkeit verkümmere, sind wir zwar mehrfach begegnet. Dennoch mutet es uns nach all dem doch ein wenig zu leicht an, was William Blake von Milton gesagt haben soll: „Er war ein echter Dichter und stand auf Seiten des Teufels." Jedenfalls dürfte ein adäquater Ausdruck für die Vollendung des Bösen in der Literatur nicht gegeben sein. Erwägungen dieser Art hat auch Thomas Mann in seinem Buch über „Die Entstehung des Doktor Faustus" angestellt. Anknüpfend an Franz Baader gibt er zu bedenken, daß der wahre Teufel die höchste Genügsamkeit in sich selber, die sich selbst genießende Verneinung sei, die vollendete Nullität und Sterilität. „Aber eben durch das Eisige würde die Darstellung des Teuflischen in der Poesie unmöglich gemacht." Dementsprechend brüstet sich der Teufel seinerseits in dem Monstregespräch mit Adrian Leverkühn: „Das ist die geheime Lust und die Sicherheit der Höllen, daß sie ... vor der Sprache geborgen ist." Das wahrhaft Teuflische liege „abseits und außerhalb der Sprache". Die ihm adäquate Sprache, die Sprache des Unmenschen, würde also die Auflösung der Literatur als Sprache durch die Pervertierung der Sprache herbeiführen. Daher operiert die Literatur des Absurden, das Theater der Absurdität, an der Grenze der Sprachlichkeit. Samuel Becketts Prosatexte und Bühnenstücke und ebenso Eugène Ionescos dramatische Farcen demonstrieren nicht nur die körperliche Verstümmelung des Menschen, die Auflösung der Person und ihren Identitätsverlust; sie signalisieren folgerichtig auch den Sprachverlust. In der „Kahlen Sängerin" will Ionesco „die Tragödie der Sprache" gedichtet haben, indem er die Seinslosigkeit des Vokabulars, die „nichtssagende Sprache zerspaltener Figuren", ihr automatenhaftes Gerede, auf der Bühne laut werden läßt. Wo die Sprache versagt, da beginnen die Gegenstände zu gestikulieren, da agieren die Requisiten, da vermehren sich zum Beispiel die „Stühle" und machen durch ihre Vermehrung die ontologische Leere, die Abwesenheit des Sinnes augenfällig. Als ein extremes, kaum noch verständliches, aber gerade darin großartiges Beispiel für die paradoxe Funktion des Dichters, auch den Sprachzerfall, die Sprachlosigkeit noch sprachlich zu bewältigen, wäre am Schluß Samuel Becketts Roman „Der Namenlose“ hervorzuheben. Mit ihm – und wohl auch mit Peter Handkes „Kaspar“ wird eine Grenze beschritten. Jenseits der Grenze läßt sich nur die reine Negativität gewahren, für die es keinen Ausdruck mehr gibt, mit der eine dichtere Identifizierung nicht mehr gelingen kann. Das heißt: das eigentlich Böse, die perfekte Negativität, ist unvorstellbar, ist unsagbar schlechthin.

ANHANG

Zum Abschnitt „Zwischen Mythologie und Theologie“

Da der theologische Disput über „die Realität des Teufels“ nicht meine Sache ist, beschränke ich mich in folgendem auf einige Literaturhinweise, auf nachträgliche Notizen und Zitate.

Über *Jean Genet* schrieb Jean Paul Sartre eine eingehende Monographie: „Saint Genet Comédien et Martyr“ (1951). Ich selbst ließ mich u. a. durch den Essay von Urs Jenny „Die schöne Kunst als Mord betrachtet“ im Feuilleton der „Süddeutschen Zeitung“ (6./7. 8. 67) informieren. Die deutsche Übersetzung von Genets zum Teil im Gefängnis geschriebenen Romanen sind im Merlin-Verlag, Hamburg, erschienen, während seine drei Bühnenstücke in der Fischer-Bücherei, 1960, vorliegen. Der Merlin-Verlag veröffentlichte auch – in deutsch – die Erzählungen und Romane des legendären Marquis de Sade (1740–1814), der siebenundzwanzig Jahre seines Lebens als Krimineller im Kerker und weiterhin drei Jahre im Irrenhaus verbrachte. Als Poète maudit ergeht sich der Marquis in immer neuen „sadistischen“ Variationen des radikal Bösen. Sowohl Jean Paul Sartre wie Albert Camus haben sich mit dem außerordentlichen Phänomen dieser „schwarzen Literatur“ befaßt.

Zu dem umfangreichen Werk des italienischen Philosophen und Dichters *Giovanni Papini* (1881–1950) gehört auch eine „Lebensgeschichte Christi“. Viele Bücher dieses geistvollen und leidenschaftlichen Autors wurden auf den Index gesetzt, so auch sein Buch über den Teufel, das eine Fülle literarischen und theologischen Materials enthält. Kennzeichnend für den Tenor der Untersuchung ist ein Satz wie dieser: „Wir müssen uns also dem Satan mit dem Geist der Barmherzigkeit und der Gerechtigkeit nähern, ... um zu hoffen und zu planen, ihn von sich selbst zu befreien und uns von ihm. Vielleicht erwartet er nur ein Zeichen unserer Barmherzigkeit.“ Die deutsche Ausgabe des Buches erschien 1955 im Schuler-Verlag, Stuttgart.

Außer *Leszek Kolakowskis* „Gesprächen mit dem Teufel“ (München 1968), ist sein Essay-Buch über den „Geist und Ungeist christlicher Traditionen“ (Stuttgart 1971) zu nennen, worin sich auch der bemerkenswerte Aufsatz über Jesus befindet, der weiter oben erwähnt wird. Nicht minder wichtig ist seine Schrift über „Die Gegenwärtigkeit des Mythos“ (München 1973), auf die in diesem Aufsatz ebenfalls Bezug genommen wird. „Die Entartung des Mythos", sagt Kolakowski mit Recht, „war seine Umgestaltung in eine Doktrin, das heißt in ein Gebilde, das eines Beweises bedurfte und einen Beweis suchte."

Das Gespräch, das François Bondi mit Kolakowski im Anschluß an die „Rencontres Internationales de Genève" 1973 führte, wurde unter der Überschrift „Der Teufel ist mir lieb" im Feuilleton der „Zeit" (12. 10. 1973) publiziert.

Mit Leszek Kolakowski befaßt sich das Kapitel „Atheisten lesen die Bibel" in meinem Essay-Buch „Grenzüberschreitungen" (Stuttgart 1971); der gleiche Aufsatz geht auch auf *Ernst Blochs* „Atheismus im Christentum" (Frankfurt a. M. 1968) ein. In diesem Werk verwahrt sich der marxistische Philosoph ausdrücklich gegen die optimistische Leugnung des Bösen aus einem flachen Atheismus heraus und ebenso gegen die Dialektik Hegels, der in seiner Ästhetik „dem Teufel, einem immerhin mythischen Stoff, sogar jede poetische Verwendbarkeit absprechen" wolle. Der Teufel, meint Hegel, sei eine schlechte, ästhetisch unbrauchbare Figur.

Die deutsche Ausgabe von *Paul Ricoeurs* zweibändigem Werk „Phänomenologie der Schuld" erschien in Freiburg 1971. Für die vorliegende Untersuchung ist besonders der 2. Band, die „Symbolik des Bösen", von Interesse. Der christlich Gläubige, meint der französische Autor, dürfe sich keineswegs in die Alternative drängen lassen: entweder Mythos oder Offenbarung. Gerade weil wir nach der Trennung von Mythos und Geschichte leben und denken, folgert Ricoeur, könne die Entmythologisierung unserer Geschichte umschlagen in ein Verständnis des Mythos als Mythos.

Der brasilianische Dichter *João Guimarâes Rosa* (1908–1967) war ein Grandseigneur von ungewöhnlicher Bildung, Sprachkenntnis und Belesenheit. Nachdem er zunächst als Arzt praktiziert hatte, begab er sich in den diplomatischen Dienst. Seine beiden Hauptwerke: „Grande Sertâo" und „Corps de Ballet" sind dichterische Kompendien der Seele Brasiliens, Epen von eminenter Sprachkraft und visionärer Phantasie. Sie erschienen deutsch bei Kiepenheuer und Witsch, Köln/Berlin 1964 und 1966. Über Rosa und andere lateinamerikanische Autoren informiert der von Günther W. Lorenz publizierte „Dialog mit Lateinamerika" im Horst Erdmann Verlag, Tübingen.

Neben dem dichterischen Werk *André Gides* (1869–1951), von dem hier nur der „ironische" Roman „Die Verliese des Vatikans" kurz berührt werden konnte, sind seine Tagebuchaufzeichnungen, die in der Deutschen Verlagsanstalt, Stuttgart, erschienen, von größter Bedeutung. André Gide war ein „Frondeur des Geistes". Sein deziddiertes Nein zu Gott hat viele irritiert. Noch in seinen allerletzten

Aufzeichnungen „So sei es" (Stuttgart 1953) heißt es über die Epoche, in welcher er lebte: „Die Welt war entschieden nicht reif genug, um ohne einen Gott auszukommen: sie taumelte in einen unheilvollen Bankrott."

Auch *Julien Greens* Tagebücher der Jahre 1928–1950 (Herold-Verlag, Wien und München) sind für das hier zur Diskussion stehende Problem, die Funktion des Bösen in der Literatur, der Konflikt zwischen Kunst und Religion, höchst aufschlußreich. So heißt es einmal in einer persönlichen Niederschrift: „Wer ihm das Gift nimmt, tötet den Roman". Julien Green, dessen im dritten Abschnitt behandelter Roman „Wenn ich Du wäre" deutsch zuerst 1948 in Wien herausgekommen ist, wurde als Sohn protestantischer Eltern, die aus den Südstaaten der USA stammten, 1900 in Paris geboren.

In den letzten Jahren seines Lebens beschäftigte *Paul Valéry* (1871–1945), dessen Lyrik in Deutschland namentlich durch Rainer Maria Rilkes Übertragungen bekannt wurde, der Plan, Doktor Faust und seinen „schaurigen Gesellen" erneut auftreten zu lassen. In den fragmentarischen Szenen „Mein Faust" (Insel-Verlag 1957) begegnen einander Faust und sein Gegenspieler in einer völlig emanzipierten Welt, in welcher „das Schicksal des Bösen selbst auf dem Spiele steht". So heißt es im Dialog zwischen den beiden Protagonisten, die Seele sei entwertet, das Individuum liege im Sterben: „Es ertrinkt in der Zahl. Die Unterschiede verschwinden in der Anhäufung der Lebewesen. Laster und Tugend sind nur noch unmerkliche Verschiedenheiten, die in der Masse dessen verschwimmen, was sie das Menschenmaterial nennen."

Der aus Algerien stammende *Albert Camus* (1913–1960) war nicht so sehr ein Gottesleugner, wie ein Herausforderer Gottes. Davon zeugt außer den hier genannten Erzählungen sein großer Roman „Die Pest", aber auch der Essay-Band „Der Mensch in der Revolte", worin sich Camus kritisch mit den geistigen Mächten seiner Epoche und ihrer Vorgeschichte auseinandersetzt. Die deutsche Ausgabe seiner Werke, wozu auch die „Tagebücher" gehören, ist im Rowohlt-Verlag, Hamburg, erschienen. Von Albert Camus und der metaphysischen Revolte handelt ein Kapitel meines Buches „Herausforderung durch das Wort" (Stuttgart 1962).

Zum Abschnitt „Ästhetizismus und Satanismus"

Der *Satanismus* im Zeitalter Baudelaires ist als ein Versuch, den Satan zu rehabilitieren, gemeint. Satan wird als Sühneopfer eines grausamen Himmels gefeiert; in seinem Los könne der Mensch sein eigenes Unglück wiedererkennen. Siehe darüber Paul Arnold, „Das Geheimnis Baudelaires“ (Berlin 1958).

Joris-Karl Huysmans (1848–1907), flämischer Herkunft, gilt als eine der „extravagantesten Gestalten“ der französischen Literatur. Hin- und hergerissen zwischen ästhetischem Nihilismus und mystischem Spritualismus schuf er sein Werk. Über „schwarze Messen“ und andere satanische Kulte hat Gerhard Zacharias in einem Bändchen der Hanser-Reihe unter dem Titel „Das Böse“ (München 1972) verschiedene Berichte und Analysen vereinigt. Der Herausgeber hatte bereits 1964 eine Untersuchung über „Satanskult und schwarze Messe“ publiziert.

Über den 1905 in Paris geborenen *Pierre Klossowski,* dessen vieldeutige Romantrilogie „Die Gesetze der Gastfreundschaft“ deutsch bei Rowohlt in Reinbek bei Hamburg 1966 erschien, heißt es in einem der Aufsätze, die als „Marginalien“ mitgeliefert werden: „Pierre Klossowski, der Sade und Nietzsche ebenso wie die Kirchenväter gelesen, genossen und kommentiert hat, ist ein Geist, dem die Extreme besonders zusagen, und man hat von ihm behaupten können, daß er stets mit einem Bein im Priesterseminar und mit dem anderen im Bordell stehen werde.“

Zum Abschnitt „Die Sünde der Ich-Verweigerung“

R. L. Stevenson, der, 1850 in Edinburgh geboren, 1894 auf Samoa starb, wurde weltweit bekannt durch seine Südsee-Erzählungen, namentlich durch „Die Schatzinsel“. In seiner früheren Epoche befaßte er sich intensiv mit dem Geheimnis des Bösen, das uns nicht nur in der Erzählung von „Dr. Jekyll und Mr. Heyde“, sondern auch in Geschichten wie „Markheim“ und „Olalla“ begegnet. An dieser Stelle sei wenigstens noch hingewiesen auf das großartige und tiefsinnige Prosa-Epos „Moby Dick“ von *Robert Melville,* der wie Stevenson und Hawthorne („Der scharlachrote Buchstabe“) der puritanischen Geisteswelt des neunzehnten Jahrhunderts entstammt und in dem weißen Wal und dem ihn jagenden Kapitän Ahab einen modernen Mythos des Bösen schuf. In meinem Essay-Buch „Konturen des Tragischen“ (Stuttgart 1965) bin ich auf dieses Thema näher eingegangen.

Zum Abschnitt „Der Teufel als Doppel-Ich“

André Gide, der den völlig vergessenen Roman des fast unbekannten schottischen Dichters *James Hogg* (1770–1835) wieder entdeckte, bekennt in seinem Vorwort zu dem Buch (deutsche Ausgabe: Stuttgart 1951), seit langem habe ihn kein Buch mehr dermaßen gefesselt, so wohlig gequält. Dazu notiert er als interessante Beobachtung: „Der Teufel hütet sich nämlich geflissentlich, sich uns jemals als Gegenspieler darzustellen. Sobald er uns erschreckt und seinen Pferdefuß sehen läßt, ist sein Spiel aus.“

Über die Lehre der *„Antinomianer“* sei hier zitiert, was André Gide dem „Dictionary of all Religions“ (London 1704) entnommen hat: „Antinomianer, so geheißen, weil sie das Gesetz verwerfen als ein unnütz Ding unter der Heilsordnung der Evangelien; sie sagen, daß gute Werke ebensowenig die Erlösung fördern, wie schlechte sie zu verhindern vermöchten ...“

C. S. Lewis, 1898 geboren, nordirischer Herkunft, wurde vor allem durch seine „Dienstanweisung an einen Unterteufel“ (Herder-Bücher, Freiburg) bekannt. Hier wird, wie Alois Winklhofer es einmal sehr richtig charakterisiert hat, eine „Psychologie der Hölle“ geboten, ein „Abriß dämonischer Strategie und Taktik“. Diese einunddreißig Briefe sind von einem grimmigen Humor. Wie dieser zu verstehen ist, geht aus dem als Motto vorausgeschickten Satze Martin Luthers hervor: „Das beste Mittel, den Teufel auszutreiben, wenn er der Schrift nicht weichen will, ist, ihn zu verspotten und auszulachen; denn Verachtung kann er nicht vertragen.“
Außer Romanen, von denen „Die böse Macht“ hervorgehoben sei, schrieb Lewis theologische Werke, z. B. das über „Das Wunder“ und den „Schmerz“. Alles erschien deutsch bei Jakob Hegner in Köln und Olten.

Zum Abschnitt „Das Teuflische – auf deutsch gelebt“

Thomas Manns (1875–1955) Verhältnis zu Deutschland war – verständlicherweise – nach seiner Ausbürgerung durch das Hitlerregime durchaus ambivalent, schmerzlich widerspruchsvoll. Dies kann hier nicht näher ausgeführt werden; doch sei anmerkungsweise erwähnt, daß dementsprechend auch sein Verhältnis zum deutschen Luthertum und zu Luther selbst ebenso zwiespältig gewesen ist. Darüber hat es nach dem Zweiten Weltkrieg heftige, ja bittere Kontroversen gegeben. So scheint es mir angebracht, gerade im Zusammenhang mit dem sehr deutschen und durchaus protestantischen Roman „Dr.

Faustus" einige Wendungen aus einem Brief, den Thomas Mann 1952 an mich richtete, zu zitieren. Er fühle sich, schrieb er, als „evangelischer Christ, dessen Bildung und Werk in deutscher protestantischer Kultur ihre Wurzeln haben". Sein Verhältnis zu der „gewaltigen Gestalt Martin Luthers" habe zwar immer dieselbe Ambivalenz besessen wie das zu den anderen großen Deutschen, zu Bismarck und Wagner, aber, so schreibt er weiter, „nie bin ich in meinem Herzen dreist gewesen gegen die schicksalhafte Mächtigkeit dieser Gestalt", wenn ihm auch ein Geist wie Goethe begreiflicherweise näherstehe als Luther.

Zum Abschnitt „Der Abschied vom mythologischen Teufel"

Der *Manichäismus*, eine von Mani, der 275 n. Chr. in Persien gekreuzigt wurde, gestiftete Religion, behauptet u. a. die Existenz von zwei sich seit Ewigkeit miteinander streitenden Mächten und Reichen, der guten Macht des Lichts und der bösen Macht der Finsternis, der alles Leibliche, Materielle angehört.

Die Priestergestalten, die *Georges Bernanos* (1888–1948) in allen seinen – auf lange Strecken hin oft mehr gepredigten als erzählten – Romanen, angefangen mit der „Sonne Satans" und dem „Tagebuch eines Landpfarrers", auftreten läßt, mögen uns heute, nachdem die Arbeiterpriester einen neuen geistlichen Typ geprägt haben, mit ihrem Pathos, mit ihrem mystischen Haß gegen die Sünde ein wenig unwirklich vorkommen. Indessen behält Bernanos mit seiner prophetischen Analyse des Maschinenzeitalters, in dem die Diskrepanz zwischen dem technischen Wissen und dem moralischen Gewissen immer größer geworden ist, auf eine schreckliche Weise Gültigkeit.

Um *Franz Kafka* (1883–1924), dessen Symbole des Bösen, wie mir bewußt ist, in einem besonderen Kapitel untersucht werden müßten, habe ich mich in meinem Essay-Band „Herausforderung durch das Wort", der auch einen Abschnitt über Georges Bernanos enthält, bemüht. Es versteht sich, daß auch jene Seiten nicht mehr als einen Hinweis auf Kafkas geheimnisvoll verschlüsseltes, von zahllosen Kommentatoren gedeutetes, oft auch mißdeutetes Werk geben konnten. Die kurze Bemerkung vorne über Kafkas Sündenverständnis enthält zugleich die Frage nach Kafkas Religiosität, nach seinem Gottesglauben oder Unglauben. Ich beschränke mich hier auf ein Zitat aus dem Kafka-Buch von Werner Kraft (Bibliothek Suhrkamp 1968), der mehr Kompetenz besitzt als ich: „Warum also die Rede vom Fehlen Gottes in Kafkas Welt? Der so fehlt, ist auch abwesend da, wo nach Hölderlin Gottes Fehl hilft."

Wie *Heinar Kipphardt* uns wissen läßt, hat J. Robert Oppenheimer die Schlußworte, die er im Theaterstück spricht: „Wir haben die Arbeit des Teufels getan", in seinem Prozeß selbst nicht gesprochen. Kipphardt legt Wert auf die Feststellung, ein Theaterstück geschrieben und nicht nur dokumentarisches Material montiert zu haben. Dem ist zuzustimmen. Mit der Kennzeichnung „Dokumentarstück" ist hier nichts Abwertendes gemeint; es soll der Unterschied zu Rolf Hochhuths zwar dokumentarisch reich belegten, stilistisch aber deklamatorischen Stücken hervorgehoben werden.

Zum Abschnitt „Das Teuflische abseits und außerhalb der Sprache"

Es erübrigt sich, die Beispiele aus der neuesten Literatur mit Anmerkungen zu versehen. Das literarische Material läßt sich ohne Mühe beschaffen. Die *Literatur des Absurden – Beckett, Ionesco, Handke* – bedarf allerdings, da hier die Krise der Sprache deutlich zutage tritt, einer Lektüre, bei der der Leser die Krise der Sprache als Literatur, als Dichtung zu realisieren bereit ist, ohne sich mit der – von ihm gewöhnlich im voraus beantworteten, also rhetorischen- Frage: Wo bleibt das Positive? den Zugang zu versperren.

Richard Riess

2. TEUFELSGLAUBE UND TIEFENPSYCHOLOGIE

2.1 Emanzipation vom Teufel – die Zukunft einer Illusion?

Vom „emanzipierten Teufel" zu reden, ist ebenso reizvoll wie riskant. Man kann sich dabei des Eindrucks nicht erwehren, als sei nach der Emanzipation der Frau, des Mannes, der Gesellschaft nun endlich auch der Teufel an der Reihe, erwachsen zu werden. In die Ironie mischt sich indessen auch Unbehagen, mischt sich auch Urangst. Der emanzipierte Teufel – erinnert das nicht an die abgefeimten Tarnkünste, an die ausgeklügelten Tricks des Teufels, sich jeweils zeit-gemäß zu geben – und sei es auch emanzipiert? Erinnert das nicht an das Wort des Mephistopheles: „Den Teufel spürt das Völkchen nie, und wenn er sie am Kragen hätte"?

Der emanzipierte Teufel – das Wortspiel lebt in der Tat von einem Widerspruch, einer Spannung, einem Reiz: In ungewöhnlicher Weise werden hier zwei grundverschiedene Wörter in einen Zusammenhang gebracht, werden Vorstellungen verknüpft, die sich nach herkömmlichem Verständnis nicht vertragen können. Denn für die emanzipierte Persönlichkeit – den Prototyp der Aufklärung – ist gerade die Abkehr von Aberglauben und Abhängigkeit jedweder Art, ist – mit dem klassischen Wort von Kant – gerade „der Auszug des Menschen aus seiner selbstverschuldeten Unmündigkeit" kennzeichnend. Die Weigerung des mündigen Menschen, sich den ihn beherrschenden Mächten, sei es nun die Natur oder der Staat, zu unterwerfen, hat konsequenterweise den Glauben an außermenschliche Mächte und an überirdische Wesen nicht ausgeklammert. So war man lange Zeit darum bemüht, gerade den Teufelsglauben als Torheit abzutun und voller Pathos den Tod des Teufels zu proklamieren. „Der Teufel ist tot – schrieb beispielsweise Alfred Graf in seiner ‚Naturgeschichte des Teufels' (1889) – oder er liegt bereits in den letzten Zügen... Um die Anzeichen seines Todes wahrzunehmen, braucht man nur um sich zu blicken. Was ist jetzt sein Werk im Vergleich zu früheren Zeiten? Wo sind seine schrecklichen Erscheinungen, seine fortwährenden Nachstellungen, seine furchterregenden Wunder? Wo sind die von ihm entzündeten Feuersbrünste, die Stürme, die er entfesselte, die verheerenden Krankheiten, die er verursachte? Selbst die Kirche, welche nicht zugeben kann, daß der Teufel stirbt, muß doch zugestehen, daß er viel zurückhaltender ist als früher. Aus den Gemütern ist der Gedanke an ihn, die Furcht vor ihm immer mehr entschwunden, von den berüchtigten Sabbatzusammenkünften und -festen spricht niemand mehr, sein Bild ist aus der kirchlichen Kunst nahezu verschwunden. Kein Reisender fürchtet sich jetzt mehr, in dunkle Wälder und Gebirgswildnisse und in schreckliche Höhlen zu geraten. Die Frauen fürchten nicht mehr, wie einst, die nächtlichen Umarmungen des Teufels, noch teuflische Kinder zu gebären. Wer krank ist, glaubt nicht mehr, behext zu sein."

Wir möchten einem solchen Zitat zu gerne zustimmen. Allein sein Triumph erscheint uns als zu einfältig. Es ist wohl an der Zeit, dem Emanzipationsgeschrei wie dem Teufelsglauben gleichermaßen kritisch zu begegnen. Denn die Todesanzeige des Teufels hat sich inzwischen genauso als Trugschluß erwiesen wie der Fortschrittsglaube der Aufklärung. Die Emanzipation des mündigen Menschen und der modernen Gesellschaft hat nach einer Eskalation von Katastrophen und von Kriegen an Vertrauen verloren. Alle wissenschaftlichen Erfolge und alle technischen Errungenschaften können heutzutage nicht mehr darüber hinweg täuschen, daß die Aufklärung auch von Abgründen umgeben ist. Der mündige Mensch ist keineswegs „Herr im eigenen Hause" (Sigmund Freud). Das heißt keinesfalls, daß wir billig triumphieren und so tun könnten, als habe es eine Aufklärung mit ihrem Aufruf zum vernünftigen Gebrauch der Vernunft niemals gegeben. Wohl aber heißt es, den Glauben an den „Gott Logos“ in Grenzen zu halten, in Grenzen, die selbst ein so kritischer Geist wie Sigmund Freud verschiedentlich überschritten hat. „Unser Gott Logos – so setzt sich Freud in seiner Abhandlung „Die Zukunft einer Illusion“ mit einem potentiellen Gesprächspartner auseinander – wird von diesen Wünschen verwirklichen, was die Natur außer uns gestattet, aber sehr allmählich, erst in unabsehbarer Zukunft und für neue Menschenkinder. Eine Entschädigung für uns, die wir schwer am Leben leiden, verspricht er nicht. Auf dem Wege zu diesem fernen Ziel müssen Ihre religiösen Lehren fallen gelassen werden... Sie wissen warum; auf die Dauer kann der Vernunft und der Erfahrung nichts widerstehen... Die vom Druck der religiösen Lehren befreite Erziehung wird vielleicht nicht viel am psychologischen Wesen des Menschen ändern, unser Gott Logos ist vielleicht nicht sehr allmächtig, kann nur einen kleinen Teil von dem erfüllen, was seine Vorgänger versprochen haben. Wenn wir es einsehen müssen, werden wir es in Ergebung hinnehmen. Das Interesse an Welt und Leben werden wir darum nicht verlieren, denn wir haben an einer Stelle einen Anhalt, der Ihnen fehlt. Wir glauben daran, daß es der wissenschaftlichen Arbeit möglich ist, etwas über die Realität der Welt zu erfahren, wonach wir unsere Macht steigern und wonach wir unser Leben einrichten können. Wenn dieser Glaube eine Illusion ist, dann sind wir in derselben Lage wie Sie, aber die Wissenschaft hat uns durch zahlreiche und bedeutsame Erfolge den Beweis erbracht, daß sie keine Illusion ist.“

Solche Spitzensätze des späten Freud, mit der ihm eigenen Bescheidenheit vorgetragen, wirken beinahe wie ein religiöses Bekenntnis. Die Adressaten sind nur ausgetauscht. Den Generationen freilich nach Freud, die auf dem Gebiet der Wissenschaft an die Grenzen des Machbaren und auf dem Gebiet der Wirtschaft an die Grenzen des

Wachstums gestoßen sind, mag mittlerweile aufgegangen sein, daß Verständnis und Vorgehen der modernen Wissenschaften so wenig vom Menschen selbst abzulösen und absolut zu setzen sind wie seine religiösen Vorstellungen. Beide sind der Verantwortung des Menschen aufgegeben. Beide sind mit menschlichen Motiven verknüpft und haben die Merkmale der „Illusion“ an sich. Um einem weitverbreiteten Mißverständnis zu wehren, ist allerdings festzuhalten: „Illusion“ im Sinne von Sigmund Freud ist nicht mit Irrtum gleichzusetzen. „Illusion“ im Sinne von Sigmund Freud ist vielmehr als eine „Ableitung aus menschlichen Wünschen“ zu verstehen. Wer um die Bedeutung weiß, die die Wünsche und Motive für das Verhalten des Menschen haben, wird ihre Wirkung weder im religiösen noch im wissenschaftlichen Bereich verkennen. Er wird, so gesehen, auch das Recht der Religionskritik nicht verneinen, wie es von tiefenpsychologischer Seite Freud — und nicht nur er — in Anspruch nahm. Wir werden uns freilich stets die Relativität der Religions- wie der Wissenschaftskritik vor Augen halten müssen. Dazu gehört unter anderem auch, den Rahmen der tiefenpsychologischen Religionskritik eindeutig abzustecken. Es ist demzufolge nicht die umfassende Wirklichkeit, sondern nur ein bestimmter Aspekt und Ausschnitt, nämlich der psychische, dem ihre Aufmerksamkeit und dem ihre Aussagen gelten können. In diesem Sinne haben denn auch Vertreter der verschiedensten Schulrichtungen wie beispielsweise C. G. Jung und andere immer wieder betont, daß sie niemals über die Grundfrage entscheiden können und wollen, ob Gott existiert oder nicht, sondern daß sie lediglich erforschen können und wollen, wie sich das Gottes*bild* im empirisch erfaßbaren Bereich darstellt. In Analogie dazu vermag auch der vorliegende Beitrag sich nicht der Frage zu widmen, ob es einen Teufel gibt oder nicht. Wohl aber versucht er sich der Frage zu stellen, wie sich der Teufels*glaube* in der psychischen Wirklichkeit von Menschen erfassen und erforschen läßt.

Es läßt sich nach alledem als *erste These unseres Themas* festhalten:

In der modernen Welt mit ihrem von Wissenschaft und Technik geprägten Weltbild scheint das psychische Phänomen des Teufelsglaubens keinen Platz zu haben. Die sogenannte emanzipierte Persönlichkeit droht jedoch einem doppelten Trugschluß zu erliegen:

- zum einen vermag der Emanzipationsprozeß die überwertigen Erwartungen, die vielfach mit ihm verknüpft sind, nicht zu erfüllen. Wir sind daher nicht nur zur Religions-, sondern auch zur Wissenschaftskritik aufgerufen;
- zum anderen erweist sich der Teufelsglaube bis in unsere Tage hinein als ein Teil unserer Wirklichkeit, dem nicht durch Verleugnung, sondern durch Verständnis zu begegnen ist.

Damit sei für den Versuch plädiert, von einem gängigen Vorurteil abzurücken und die Situation für eine neue, vorurteilsfreie Sicht offenzuhalten. Eine solche Einstellung entspräche weit eher den Erkenntnissen der neueren Anthropologie, denen zufolge sich der Mensch nicht zuletzt durch seine Offenheit gegenüber seiner Welt auszeichnet.

Wir werden uns im folgenden der Frage widmen, an welchen Stellen der Tradition wir überhaupt auf den Teufelsglauben stoßen, um dann zu erörtern, in welchen psychischen Vorgängen er sich vollzieht.

2.2 Der Teufelsglaube – eine Tradition im Untergrund

Der Teufelsglaube ist ein anrüchiges Thema. Mit ihm verbindet sich der Vorwurf, borniert, dumm und rückständig zu sein. Kein Mensch aber möchte solche Vorwürfe auf sich ziehen oder auf sich sitzen lassen. So hat man seit langem schon eine Tabuzone um dieses Thema aufgebaut. Was kann dann Autoren wie Leser bewegen, sich ausgerechnet mit dem Teufelsglauben heute noch oder heute wieder zu befassen?

Unser Vorhaben besteht, wie gesagt, in dem Versuch, den Teufelsglauben als ein psychisches Phänomen zu verstehen. Als solches ist er Teil unserer Wirklichkeit, sofern wir uns zubilligen, daß nicht nur das als Wirklichkeit zählt, was man messen und wiegen kann. Insofern gehören auch unsere untergründigen Wünsche, Motive und Illusionen zu unserer Wirklichkeit. Mehr noch. „Was wir ‚Illusion' nennen – so C. G. Jung –, ist vielleicht eine seelische Tatsächlichkeit von überragender Bedeutung. Die Seele kümmert sich wahrscheinlich nicht um unsere Wirklichkeitskategorien. Für sie scheint in erster Linie *wirklich* zu sein, was *wirkt.*" Hat der Teufelsglaube bis in unsere Tage hinein zu wirken vermocht, so muß es als eine Torheit erscheinen, ihn als un-wirklich zu verleugnen. Sich mit ihm zu beschäftigen, bedeutet insofern, sich mit einem Teil der Wirklichkeit zu befassen, die in uns und um uns ist. Mehr als unsere theoretische Erwägung mag freilich der emotionale Anteil wiegen, der bei Autoren wie bei Lesern möglicherweise mitschwingt. Irgendetwas scheint an diesem Thema zu interessieren, zu locken, zu reizen, was eventuell eine Entsprechung im eigenen Erfahrungsbereich hat. Ist es dumpfe Ahnung, unwiderstehliche Faszination, spielerische Neugier? Es wäre sicherlich ein sinnvolles Experiment, sich einmal folgende Fragen vorzulegen: Welche Einfälle, welche Erinnerungen, welche Erwartungen habe ich eigentlich beim Thema „Teufelsglaube"? Kaum zu unterschätzen ist schließlich auch der kulturelle Aspekt, der diesem Thema anhaftet. Da er in die Geschichte eingegangen, von Vätern vererbt und von Kindern und Kindeskindern übernommen worden ist, legt es sich nahe, einige *Elemente der Tradition* aufzugreifen.

2.2.1 Das Spannungsfeld des christlichen Glaubens

Der Teufelsglaube erscheint heute als ein bedeutsamer Bestandteil der abendländischen Tradition. Er ist jedoch keineswegs aus genuin christlichen Grundgedanken hervorgegangen. Vielmehr haben sich in ihm verschiedenste vor- und außerchristliche Strömungen, haben sich Reste der griechisch-hellenistischen, der iranischen und der spätjüdischen Religionen vereinigt. Wie diese Entwicklung im einzelnen auch immer zu erklären sein mag — entscheidend ist schließlich die Tatsache, daß der Teufelsglaube in die christliche Tradition Eingang gefunden hat und zu einem Erbe geworden ist, das im Laufe der Jahrhunderte ein ungeheueres Eigengewicht gewann. Ein einstmals zweitrangiges Erbstück wurde zu einem offensichtlich unentbehrlichen Lehrgegenstand, dogmatisch ausgebaut und kirchenrechtlich abgesichert. Aus Accessoires wie Hölle, Fegefeuer und Ablaß entwickelte sich eine ganze Apparatur der Angst, die Jahrhunderte lang in gottesdienstlicher Predigt, kirchlicher Pädagogik und Beichte ihre Wirkung nicht verfehlt hat. Wie konnte das geschehen — mögen wir verwirrt oder verwundert fragen —, daß gegenüber dem Gott der Bergpredigt, der das Leben will, das Leben der Lilien auf dem Felde und das Leben der Vögel unter dem Himmel, der Antichrist der Apokalypse, der das Leben zerstört, das Leben von Menschen und von ganzen Völkern, eine solche Gewalt gewinnen konnte? Braucht denn Gott diesen Gegenspieler? Bedingen sich etwa gar „das Christentum und die Angst“ (Oskar Pfister)? Irgendwann müßte — so mutmaßen wir — doch eine solche Entwicklung einfach auslaufen, müßte versanden — es sei denn, sie begegnete nicht einer bestimmten Bereitschaft. Der Teufelsglaube scheint ganz bestimmter Menschen zu bedürfen, die in anderen Menschen Angst auszulösen und sich ihrer zu bedienen wissen, und er scheint der Menschen zu bedürfen, die dazu bereit sind. Anscheinend handelt es sich hier um eine ähnliche unbewußte Entsprechung wie bei der wechselseitigen Abhängigkeit von Täter und Opfer. Trifft demnach die Praxis der christlichen Kirchen auf ein allgemeinmenschliches, psychisch bedingtes Phänomen, so erscheint der Umgang mit der Angst als ein kardinales Problem aller Kirchen, ein Problem der Prediger auf den Kanzeln und der Seelsorger in den Sprechzimmern. Der Umgang mit der Angst – das wäre nach alledem eine Probe auf das Exempel, die eine Reihe von weiteren Fragen nach sich zieht: Warum und wozu gehört der Teufelsglaube überhaupt zum christlichen Glauben? Als Folie, als Hintergrund, als Kontrast? Ein Christentum ohne dieses tiefsitzende Stimulans – das scheint nicht nur Christen einer bestimmten Couleur unheimlich zu sein. In dem bereits von Heinz Flügel erwähnten Gespräch mit François Bondy gab beispielsweise der polnische Philosoph Leszek Kolakowski zu bedenken:

„Dieses neue Christentum ohne das Sakrale ist mir ärgerlich. Vor einigen Tagen war ich in der Auvergne in einem Dorf. Da ließ ein Paar sich erst im Gemeindehaus, dann in der Kirche trauen. Der junge Priester – eine Freundin neben sich – kam im Sportauto an, zog sich schnell um und sagte dann ungefähr: ‚Ihr habt euch im Rathaus trauen lassen, um den Gesetzen Genüge zu tun, und laßt euch jetzt in der Kirche trauen, weil das eurer Geistesart entspricht. Das ist sehr gut.‘ In dieser Ansprache kam das Wort ‚Gott‘, das Wort ‚Sakrament‘ nicht vor. Später sagte mir eine Bäuerin: ‚Unsere Kirche ist keine Kirche mehr, unsere Priester sind keine Priester, und ein Altar ist nur noch ein Tisch.‘ Meine ganze Sympathie war bei dieser Frau. Ich bin auch entsetzt, daß der Papst den Teufel abschaffen will. Ein Christentum ohne Teufel, das erscheint mir flach und sinnlos.“

Bedarf demnach selbst das säkulare Gefühl für das Sakrale, bedarf erst recht der Gottesglaube des Teufelsglaubens, um nicht fade oder flach zu erscheinen? Gesetzt den Fall, das träfe zu – dann würde der Teufelsglaube nicht aufhören, solange der Gottesglaube anhält, dann würde mit der Verkündigung des Gotteswortes – wenigstens indirekt – auch die Vorstellung von seinem Gegenspieler überliefert. Wir brechen hier ab und verweisen den Leser im Blick auf diese Fragen vor allem auf den dritten Beitrag dieses Buches. Wir haben hier nur festzuhalten, daß für manche Tiefenpsychologen der Teufelsglaube schicksalhaft an den Gottesglauben gebunden ist, daß das Haus des christlichen Glaubens sozusagen auf den Pfeilern des Gottes- und des Teufelsglaubens ruht. Das Einstürzen beider Pfeiler wäre nicht nur für den christlichen Glauben fatal. „Welche Folgen der zunehmende Verlust des Gottglaubens in der Gegenwart haben wird, läßt sich noch nicht absehen — schreibt der Tiefenpsychologe Henry Lowenfeld beispielsweise in einer Abhandlung über ‚den Niedergang des Teufelsglaubens und seine Folgen für die Massenpsychologie' —. Denn hiermit bricht auch der andere Pfeiler aus dem Gebäude, in dem die Menschheit bisher gewohnt hat ... Tiefe Bedürfnisse bleiben unbefriedigt, und ein ungestillter Hunger verlangt nach mehr und mehr Ersatzbefriedigungen, ohne je satt zu werden."

2.2.2 Die Spuren der Sprache

Wie engagiert oder entfremdet wir gegenüber den Kirchen auch sein mögen, wir sind doch Kinder der abendländisch-christlichen Kultur. Gewollt oder ungewollt nehmen wir teil an ihrer Weiterentwicklung, an den Wandlungen der Sinngebung und der Sprache, des Weltbildes und der Wertsysteme. Kulturkritiker verschiedenster Provenienz wie Gehlen, Gogarten oder Guardini haben seit langem schon aus dieser Weiterentwicklung eine Wende zur Profanisierung und Säkularisierung der modernen Welt herauszulesen und auf die Konsequenzen dieses Prozesses hinzuweisen versucht. Um derartige tiefgreifende Umwälzungen heraufkommen zu sehen, bedarf es gewiß einer besonderen Einfühlung. Ein sensibles Instrument ist neben der persönlichen Intuition auch die Sprache. So ist in der Tat auch die heutige Sprache ein Test dafür, wie sehr selbst unsere Zeit noch vom Teufelsglauben zehrt. Um es mit der Satire eines seiner Sympathisanten zu sagen:
„Selten bin ich mit dem Papst einer Meinung. Diesmal aber doch: Daß er den Teufel gelten läßt, gefällt mir.

Wo kommen wir hin, wenn er sich, samt Hörnern, Schwanz und Pferdefuß, einfach auflöste im Licht der neuen Aufklärung? Das Arsenal unserer Flüche stünde halb leer. Die Bayern kämen ins Stottern. Volksweisheiten hätten keinen Pfiff mehr. (Zum Beispiel die sozialökonomisch hochaktuelle Erkenntnis ‚Der Teufel sch . . . t nie auf 'nen kleinen Haufen' wäre mit keiner anderen Titelfigur so schlüssig). Wen sollte man oder sollte man lieber nicht an die Wand malen? Wer den lieben Nächsten, Verwandten, Vorgesetzten holen? Auch die Großmutter verlöre mit dem Enkel zugleich an realer, fluchwürdiger Substanz. Total entteufelt, verarmte die Natur. Wieviel Blumen, Kräuter, Pilze, Beeren, Knollen, heilkräftige und giftige, blühten und reiften namenlos für uns dahin, den lateinischen Namen kennt der Laie nicht — Teufelsfurz, das merkt sich jeder. Ganze Landschaften verblaßten ins Fad-Abstrakte, gäbe es da nicht gewisse verruchte oder heikle Felsen, Gipfel, Joche, Klammen, Strudel, Brücken. Die Touristik hätte schwere Einbußen. Der Blocksberg verwaist! Die Lutherstube in der Wartburg bar jeden Tintenflecks! Märchen, Literatur, Theater wären um ihr wichtigstes Personal verlegen. Wer sollte vom Kaspar Prügel kriegen, wenn nicht der Teufel, wer sich ‚Spottgeburt aus Dreck und Feuer' schimpfen lassen, wenn nicht Mephisto, sein intellektueller Vetter. Ja, Caritas selbst, die mildtätige Gesinnung, braucht den Teufel als Maß: Erbarmenswerter als ein ‚armer Teufel' ist niemand. Schließlich, weil's immer ziert, Adorno: Er unterschrieb Briefe an Thomas Mann mit ‚Ihr getreuer Teufel'. Kurzum, der Teufel ist unentbehrlich. Zwar braucht die Welt nicht mehr davon voll zu sein, wie es Alt-Lutheraner begehren zur Prüfung ihres Gottvertrauens, aber das eine oder andere Exemplar sollte erhalten bleiben, unter Naturschutz gestellt. Er hat auch antike Vorfahren, ist also älter und ehrwürdiger als das hallelujasingende Geflügel. An dem vergreifen sich die Theologen, vorsichtshalber, nie." (H. R., aus der Frankfurter Allgemeinen Zeitung.)

Der Teufel unter Naturschutz — eine neue Form von Nostalgie? Wonach? Nach dem Flair des Verbotenen, nach dem Fluidum des Verruchten? Der Teufelsglaube als starker Tobak?
Allen diesen Kraftausdrücken, Redewendungen, Sprüchen scheint gemeinsam zu sein, daß durch sie ein intensives Gefühl zum Ausdruck kommt: Ärger („Scher dich zum Teufel", „der Teufel soll ihn holen", „zum Teufel noch mal"), Angst („mal bloß den Teufel nicht an die Wand"), Mitleid („armer Teufel"), Ratlosigkeit („das weiß der Teufel"), Resignation („es geht doch alles zum Teufel"), Unfrieden („der Teufel ist los") oder ein Gespür für Gefahren in der ungebändigten Natur („Teufelsberg, -felsen, -höhlen, -schluchten" und dergleichen). Gegenüber diesen vorwiegend negativen Tönen des Teufelsglaubens fallen auch ein paar positive auf: Bewunderung („Teufelskerl", „er arbeitet wie der Teufel", „er fürchtet weder Gott noch Teufel", „auf Teufel komm 'raus") oder Vertrauen in die Kraft der gebändigten Natur („Teufelskräuter, -knollen" und dergleichen). Dicht bei dem Gefühl für das Gefahrvolle scheint demnach auch ein Gefühl dafür zu liegen, daß der Teufelsglaube zu Zeiten auch für etwas gut sein kann. Mit ihren verschiedenen Ausdrücken hat schon die Sprache die Ambivalenz, die Doppeldeutigkeit des Teufelsglaubens festgehalten.

2.2.3 Der Spiegel der Symbole

Es ist ein unschätzbarer Vorzug des Menschen, mithilfe der Sprache Vergangenes vergegenwärtigen zu können. Die Sprache macht es dem Menschen möglich, seine Welt auf neue Weise nachzubilden. Mehr noch. Das Leben des Menschen läßt sich von seinen Anfängen an als ein einziger Akt der Schöpfung begreifen. Unaufhörlich ist der Mensch damit beschäftigt, äußere Gegenstände und innere Gefühle zu bezeichnen und seine Wirklichkeit mithilfe des Wortes schöpferisch zu benennen. Die Bedeutung der Sprache umfaßt freilich mehr als den verbalen Bereich, den Bereich der Begriffe. „Die Bedeutung der Sprache —

so der amerikanische Psychologe Rollo May – für die Entwicklung der Kultur liegt darin, daß sie symbolhafte Formen liefert, mit deren Hilfe wir imstande sind, uns zu erkennen zu geben und andere zu erkennen. Kommunikation ist die Möglichkeit gegenseitigen Verstehens. Ohne sie ergeht es uns wie einem Mann, der im Traum durch ein fremdes Land wandert, wo er nichts von dem versteht, was um ihn her gesprochen wird, und auch gefühlsmäßig nichts von einem Menschen aufnimmt, der unmittelbar neben ihm steht, so daß er vollkommen isoliert ist." Wir kommen nicht daran vorbei, die Sprache der Symbole zu lernen. Sonst laufen wir Gefahr, das Schicksal des Mannes im Traum zu teilen: in völliger Isolierung zu leben, abgeschnitten von anderen, die vor ihm lebten und außer ihm noch leben.

Symbole zu verstehen, setzt indessen voraus, von einer Annahme auszugehen, die bislang keineswegs überall Anerkennung findet: der Annahme des sogenannten Unbewußten. Wir können uns an dieser Stelle den Streit der psychologischen Schulen (zum Beispiel des älteren oder neueren Behaviorismus gegenüber der Tiefenpsychologie) ersparen. Wir möchten den Leser aber bitten, anzuerkennen oder es gegebenenfalls sogar mitzuvollziehen, daß die klinische Kleinarbeit und die theoretische Weiterentwicklung der Tiefenpsychologie seit den Tagen Sigmund Freuds übergenug Material bereitstellen konnten, um die Annahme eines Unbewußten nicht als baren Unsinn erscheinen zu lassen. Nicht um eines Dogmas, sondern um eines bewährten Denkmodells willen haben wir uns deshalb entschieden, uns auch im Blick auf unser Thema dem dynamischen Ansatz der Tiefenpsychologie anzuschließen. Im übrigen ist die Annahme eines Unbewußten keineswegs eine Erfindung von Freud. „Die Dichter und die Philosophen – erklärte Freud selbst bei den Feierlichkeiten zu seinem siebzigsten Geburtstag – haben das Unbewußte vor mir entdeckt. Ich deckte nur die wissenschaftliche Methode auf, nach der das Unbewußte untersucht werden kann."

Was heißt das schließlich für unsere Sicht der Symbole? Manche Methoden von Freud, in besonderem Maße die Symptomanalyse und die Traumdeutung, können uns den Sinn von Symbolen erschließen helfen. So läßt sich beispielsweise das Symptom eines Hysterikers als ein „Erinnerungssymbol" begreifen, das verschlüsselt traumatische Erlebnisse von früher in Erinnerung ruft. Freud sieht es — etwa in seiner Abhandlung „Über Psychoanalyse" — sogar als eine Analogie zu den historischen Monumenten des Menschen, die uns gleichfalls an frühere Zeiten erinnern. Ein Symbol kann insofern für etwas Vergangenes stehen. Es kann — etwa im Falle von Krankheiten — auch für etwas Verborgenes stehen. „Es ist ein stellvertretender Ersatzausdruck für etwas Verborgenes — so eine Erklärung von Otto Rank und Hans Sachs, zwei Psychoanalytikern aus dem Freundeskreis von Freud —, für etwas Verborgenes, mit dem es sinnfällige Merkmale gemeinsam hat oder durch innere Zusammenhänge assoziativ verbunden ist. Sein Wesen liegt in der Zwei- oder Mehrdeutigkeit, wie es ja selbst durch eine Art Verdichtung, ein Zusammenwerfen (symballein) einzelner charakteristischer Elemente entstanden ist." Der Sinn des Symbols ist somit vor allem in der Übersetzung von Unbewußtem zum Bewußten, in der Vermittlung zwischen dem Verborgenen und dem Sichtbaren, zwischen dem Vergangenen und dem Gegenwärtigen zu sehen. Mithilfe der Verkleidung und Verschlüsselung machen Symbole oftmals unerträgliche Vorstellungen für den Menschen verstehbar und annehmbar, mithilfe der Verdichtung eine ganze Geschichte gegenwärtig: die Geschichte eines Konfliktes oder einer Krankheit, eines einzelnen oder eines Volkes. Mehr noch. Mithilfe der Verdichtung vermag ein Symbol sogar Gegensätze aufzuheben und eine Vereinigung der Gegensätze herbeizuführen. „Die Symbole — so C. G. Jung — sind natürliche Versuche, Gegensätze innerhalb der Psyche miteinander zu versöhnen und zu vereinigen."

Das Spektrum der Symbolik ist keineswegs schmal. Es

reicht bis in die Räume von Kunst und Kultur, Märchen und Mythos, Ritual und Religion, Traumwelt und Tradition. Die umfassende Bedeutung des Symbols wird heute denn auch von allen Schulen der Tiefenpsychologie — so verschieden ihr Ansatz auch sein mag — weitgehend anerkannt. Die Sprache der Symbole wird nicht selten sogar als die umfassendste Sprache des Menschen gewertet. „Die Symbolsprache — so beispielsweise Erich Fromm in seinem Buch über ‚Märchen, Mythen und Träume' — ist eine Ausdrucksweise, in der unsere Erlebnisse, Gefühle und Gedanken so wiedergegeben werden, als wären sie sinnliche Erfahrungen, Ereignisse in der Außenwelt. Es ist eine Sprache, die eine andere Logik besitzt als die konventionelle, die wir am Tage sprechen; eine Logik, in der nicht Raum und Zeit die herrschenden Kategorien sind, sondern Intensität und Assoziation. Es ist die einzige Universalsprache, die die Menschheit je hervorgebracht hat, die gleiche für alle Kulturen im Laufe der Geschichte. Eine Sprache mit eigener Grammatik und Syntax, die man verstehen muß, wenn man den Sinn der Mythen, Märchen und Träume verstehen will. Diese Sprache wurde jedoch von dem modernen Menschen vergessen. Zwar nicht im Schlafen, aber im Wachen. Ist es überhaupt wichtig, sie auch im Wachzustande zu verstehen?" Fromm bejaht ein paar Seiten weiter diese Frage und äußert die Ansicht, „daß die Symbolsprache die einzige Fremdsprache ist, die jeder lernen muß. Ihr Verständnis bringt uns in Beziehung mit einer der bedeutendsten Quellen der Weisheit, mit der des Mythos, vermittelt uns die Kenntnis der tieferen Schichten unserer eigenen Persönlichkeit". Und im Blick auf die Symbolik der Träume bringt Fromm ein Zitat aus dem Talmud: „Träume, die nicht gedeutet werden, sind wie Briefe, die nicht geöffnet wurden."

Wir haben dem Leser diesen langen Vorspann zugemutet, um Verständnis für einen Sachverhalt zu wecken, der in der Welt der Tatsachen zu leicht vernachlässigt wird. Zum anderen ist nun auch der Kontext klarer, in den hinein unsere folgenden Ausführungen gebettet werden: Der Teufelsglaube im Spiegel der Symbole, das heißt der Symbolik von Märchen, Mythos und Malerei.

Das Märchen

In der Mitte der meisten Märchenhandlungen ereignet sich – einer Formulierung von Marie-Luise von Franz zufolge – die Auseinandersetzung zwischen Gut und Böse. Die Moral vieler Märchen scheint dabei vorwiegend einem einfachen Schema, dem Schema der Schwarzweißmalerei zu folgen. „Mut steht gegen Feigheit, Neid gegen Unschuld, Gutherzigkeit gegen Bosheit, Entsagung und Opferwille gegen hemmungslose Lust und Gier. Das Böse wird durchschnittlich fast immer bestraft, vertrieben und sogar meistens vernichtet – das Gute siegt oder wird durch übernatürliche Hilfe gerettet. Der Held erreicht sein Ziel durch Mut, List, Humor oder Glück, die Heldin durch Ausharrenkönnen in Leiden, Treue, List oder Glück – sehr oft richtet sich oder eliminiert sich das böse Prinzip am Schluß der Handlung selber oder wählt unbewußt seine eigene Strafe." Es fällt demgegenüber freilich auf, wie sparsam das Märchen die Figur des Teufels verwendet, um damit die Wirklichkeit des Bösen abzubilden. In den wenigen Märchen, in denen wir den Teufel als Hauptfigur vorfinden, erscheint er eher wie ein Tölpel, den selbst ein Bauer hereinlegt („Der Bauer und der Teufel") oder als schnaubender und schnarchender Tollpatsch, den sogar seine eigene Großmutter aus Mitleid mit einem Menschen überlistet („Der Teufel mit den drei goldenen Haaren"). Zu den Mitteln, mit denen das Märchen die Begegnung des Menschen mit dem Bösen zum Ausdruck bringt, scheint die Figur des Teufels nur am Rande zu gehören. In der Mitte der Märchen steht vielmehr eine ganze Szenerie von Schreckensgestalten: Hexen, Riesen, Stiefmüttern, Untieren, Waldgeistern, Zauberern und Zwergen. Mehr als die Gestalt des Teufels spiegelt sich im Märchen das Motiv des Teuf-

lischen. Um das an einem bekannten Beispiel, dem Märchen vom „Rumpelstilzchen“, aufzuzeigen:
Da erscheint in der Nacht ein kleines Männchen einer Müllerstochter in der Not. Sie muß auf dem Schloß des Königs bis zum Sonnenaufgang Stroh zu Gold spinnen. Das Männchen möchte dem Mädchen helfen — falls sie ihm dafür etwas gibt. Sie schenkt ihm ein Halsband. Sie schenkt ihm ihren Ring. Beim dritten Mal — sie hat nichts mehr zu schenken — verspricht sie ihm ihr erstes Kind. Als die arme Müllerstochter schließlich Königin geworden ist und ihr erstes Kind geboren hat, erscheint das häßliche Männlein wieder, um zu holen, was ihm versprochen worden ist. Auf Bitten und Jammern der Königin hin gibt das Männchen jedoch drei Tage Zeit und sagt sogar zu, ihr das Kind zu lassen, falls sie in dieser Zeit herausfindet, wie es heißt. Die Königin, voller Angst um ihr Kind, setzt alles in Bewegung, um den Namen des Zwerges zu erfahren. Am letzten Tag berichtet endlich ein Bote von einer einsamen Gegend und einem kleinen, lächerlichen Männchen, das vor Freude auf einem Bein um das Feuer gehüpft sei und dazu geschrien habe:

„Heute back ich, morgen brau ich,
übermorgen hol ich der Königin ihr Kind;
ach, wie gut, daß niemand weiß,
daß ich Rumpelstilzchen heiß!“

Als das Männchen zum letzten Mal hereintritt, um das Kind zu holen, nennt es schließlich die Königin bei seinem Namen. Mit dem Fluch: „Das hat dir der Teufel gesagt, das hat dir der Teufel gesagt!“ stößt es vor Zorn seinen Fuß tief in die Erde und reißt sich mitten entzwei.
Wie all die anderen Medien, in denen sich Erfahrungen der Menschheit angesammelt haben, ist auch das Märchen für mannigfache Deutungen offen. So zeigt beispielsweise Hans Dieckmann in seinem Buch „Märchen und Träume als Helfer der Menschen“, daß sich bestimmte Märchen als weibliche Pubertäts-, als Kindheits-, als Erwachsenen-

probleme oder als Problematik der zweiten Lebenshälfte verstehen lassen. Wir meinen – das Moment subjektiver Deutung vorausgesetzt –, folgende Motive des Teufelsglaubens im Märchen vom Rumpelstilzchen wiederzufinden:

- In einer Nacht der Not bietet ein Männchen, ein unheimliches Wesen, auf zwiespältige Weise seine Hilfe an;
- es wird ein Pakt geschlossen;
- der unheimliche wie heimliche Partner dieses Paktes verlangt das Leben eines lebendigen Menschen;
- dem anderen, dem menschlichen Partner des Paktes gelingt es, sich von der unmenschlichen Vereinbarung zu befreien;
- ein wesentliches Moment dieses Befreiungsvorganges ist es, das unheimliche Wesen benennen zu können, einen Namen für das bislang Namenlose zu finden;
- das unheimliche und zwiespältige Wesen zerstört sich selbst.

Wir erkennen in diesen Punkten nicht nur Parallelen zum sogenannten Teufelspakt. Wir erkennen in ihnen auch die lebenswichtige Bedeutung, Unbekanntes und Unheimliches benennen zu können – im Umgang mit sich selbst, während eines psychotherapeutischen Prozesses oder in der politischen Wirklichkeit. „Den richtigen Namen zu finden – so auch Graf Wittgenstein in ‚Märchen, Träume, Schicksale' –, heißt den Begriff zu entdecken, mit dem ein Mensch etwas begreifen kann. Durch richtiges Begreifen verliert das Unheimliche des namenlosen Dings seine magische Gewalt. Durch die Namensfindung wird das Unheimliche – heimlich und dem Menschen zu eigen."

Daß sich die Repräsentanten des Bösen wie der teuflische Zwerg Rumpelstilzchen am Ende selbst zugrunde richten, ist indessen nicht immer die Regel. Das böse Prinzip scheint – wie es Marie-Luise von Franz formuliert – einen schwachen Punkt zu haben. Auch das Rumpelstilzchen hat ein Herz und hört auf das Klagen der Königin.

Mehr noch. Manche Märchen kennen auch ein anderes Motiv: Das unheimliche Wesen kann sich wandeln. Aus dem garstigen Frosch, den die Prinzessin außer sich vor Wut an die Wand schmeißt, wird ein Königssohn, aus der Katze eine Königstochter. Aus gefürchteten Tieren können zu Zeiten dankbare und hilfreiche Wesen werden. „Wer sich – sagt Marie-Luise von Franz – den Dank und die Hilfe der Tiere erwirbt, siegt immer – das ist die einzige Regel ohne Ausnahme, die ich finden konnte. Dies ist psychologisch sehr bedeutsam, denn es sagt aus, daß im Kampf des Guten mit dem Bösen das ausschlaggebende Moment der animalische Instinkt oder, vielleicht besser, die Tierseele ist; wer sie auf seiner Seite hat, siegt. Gutes, das instinktwidrig ist, kann nicht dauern, aber auch Böses, das in seiner einseitigen Dämonie instinktwidrig ist, kann nicht bestehen." Das Märchen gerät freilich mit seinen Möglichkeiten an eine Grenze. Marie-Luise von Franz spricht deshalb an anderer Stelle von dem Grundproblem, das dem Menschen immer noch und immer wieder aufgegeben ist: „Die große Schwierigkeit bleibt damit im Leben immer zu erwägen, ob man den Keim des Guten im Bösen durch liebendes Annehmen zu entwickeln versuchen oder ob man ihn erbarmungslos mitvernichten soll. Dies bleibt wohl in jedem Einzelfall immer wieder ein Konflikt, in welchem dem Individuum ein Stück Schicksal in die Hand gelegt ist: Das Märchen gibt uns in dieser Hinsicht keine Hilfe, sondern formuliert nur, wie so oft, ein Paradoxon."

Der Mythos

Der Paradoxie des Lebens sucht sich in deutlicher Parallelität zum Märchen auch der Mythos zu stellen. Märchen und Mythos haben denn auch manche Gemeinsamkeiten, nicht zuletzt die dichterisch erzählende Gestalt. Märchen und Mythos zeigen jedoch auch wesentliche Unterschiede. So scheint das Märchen, grob gesagt, vor allem die Entwicklungsprozesse und den Erfahrungsreichtum, die Reifungsschritte und die Risiken des menschlichen Lebens wiederspiegeln zu wollen. Trotz der Komplikationen, der Konflikte und der Krisen, die das Märchen auch kennt und auf mannigfache Weise beschreiben kann, äußert sich seine besondere Kraft gerade darin, Mut zum Leben zu machen. „Das Märchen ist der dichterische Ausdruck des Vertrauens – sagt der Märchenforscher Max Lüthi –, des Vertrauens, daß wir in einer sinnvollen Welt geborgen sind und selber uns sinnvoll in sie fügen, sinnvoll handeln und leben, auch wenn wir diese Welt als Ganzes nicht überschauen und nicht verstehen." Genau an diesem Punkt aber hebt sich der Mythos vom Märchen ab. Denn der Mythos rückt gerade die Frage nach der Welt als einem Ganzen in den Mittelpunkt. Darin hat das mythische Denken etwas Umfassendes, etwas Übergreifendes an sich: Es fragt über die innermenschlichen Grenzen des sinnlich Wahrnehmbaren hinweg nach der Wahrheit des Ganzen, nach den Ursprüngen der Welt und der Menschheit, des Lebens und des Todes. Die „innere Wahrheit des Mythos" (Johann Jakob Bachofen) ginge verloren, wollte man ihn seiner alten und alogischen Form wegen als Fabel und als Fiktion abtun. In der Fülle eines Bildes und der Form einer Geschichte erweist er sich vielmehr als eine ursprunghafte Figuration der Geschichte des Menschen. „Zum Wesen des Mythos gelangen wir – dem Mythenforscher Karl Kerényi zufolge –, wenn wir wissen, daß der Mythos eben *die ihm eigene, nicht abgeschlossene Bearbeitung der Wirklichkeit ist.*"

Eine der Grundfragen, die dem Menschen der ersten Anfänge wie dem Zeitgenossen der Zweiten Aufklärung gleichermaßen zur „Bearbeitung der Wirklichkeit" aufgegeben sind, finden wir in der Frage: Woher kommt eigentlich das Böse in der Welt? Wie kommt eigentlich das Böse in die Welt? Aus der Vielfalt der Aspekte, die als Antwortversuche der verschiedenen Religionen entstanden sind, möchten wir im folgenden drei Beispiele auswählen, die uns für den abendländischen Kulturkreis bezeichnend erscheinen: den Mythos vom Aufstand der Engel, vom Engelsturz und vom Drachenkampf.

Der *Mythos vom Aufstand der Engel* hat im Anschluß an eine lange apokryphe Überlieferung vor allem in der Alten Kirche eine verbreitete Aufnahme gefunden (Tertullian, Athanasius, Augustinus, Johannes Damascenus und andere). Danach empörte sich einer der obersten Engel und eine ihm anhängende Engelschar gegen Gott. Er wurde mit seinen Engeln überwunden und in die Tiefe gestürzt. Über das Motiv der Rebellion gehen die Meinungen freilich auseinander:

— teils wird sie als ein Akt der Überheblichkeit (superbia) gesehen, mit dem der Aufrührer und seine Anhänger bekunden wollten, daß sie sich mit der Gottähnlichkeit statt Gottgleichheit nicht begnügen mochten; der Teufel wird hier zum Widersacher des Vaters;

— teils wird sie als ein Akt der Unzufriedenheit gesehen, mit dem der Aufrührer als der jüngere Bruder Christi seinen Neid gegenüber dem Erstgeborenen zum Ausdruck bringen wollte; der Teufel wird hier zum Widersacher des Sohnes.

Folgen wir der ersten Spur, so kommt uns spontan eine Anzahl von Assoziationen in den Sinn. Eine naheliegende Parallele ist etwa der griechische Mythos von Prometheus, der schöpferisch und schicksalhaft gegen die Götter aufbegehrt, ein Akt, den der junge Goethe in klassischen Zeilen zum Ausdruck bringt:

„Hier sitze ich, forme Menschen
nach meinem Bilde,
ein Geschlecht, das mir gleich sei,
zu leiden, weinen,
genießen und zu freuen sich,
und dein nicht zu achten,
wie ich."

Der Aufstand gegen etwas „Größeres-als-ich" (Anton Boisen), gegen die Mutter, den Vater, das Schicksal,

Gott — der Aufstand hat etwas Unheimliches, Ambivalentes an sich. Einerseits ist er für jede gesunde Entwicklung des Menschen nicht zu ersetzen, für seine Ablösung, Auseinandersetzung und Autonomie. Ungezählte Beispiele kann die Pädagogik oder die Psychotherapie aus ihrer Praxis zu diesem Punkt beisteuern, daß die Unfähigkeit nein zu sagen, daß die Unfähigkeit zur Aggression zur Leidensgeschichte von vielen gestörten Menschen gehört. Man möchte es solchen Menschen und nicht selten auch sich selbst geradezu wünschen, den Teufelskreis von Anpassung, Abhängigkeit und Ausbeutung zerreißen zu können und mehr „Licht“ in das „Dunkel“ zu bringen. Das ist der eine Aspekt „Lucifers“, des „Lichtbringers“, daß er aufsteht, um ein neues Bewußtsein zu schaffen. Der andere Aspekt ist ebenfalls mit einer „Illusion“ verbunden: dem Wunsch, zu sich und zu anderen ungeteilt Ja sagen zu können. Denn in der Angst vor dem Aufstand, vor der Spaltung, vor dem Zerreißen der Bande steckt auch eine Ahnung davon, daß in einem selbst und in anderen das Chaos ausbrechen, daß der Teufel los sein kann. Die Rückseite von Rebellion heißt Zerstörung. Goethe läßt diese abgründige Angst durch den Mund des Mephistopheles Gestalt gewinnen:

„Ich bin der Geist, der stets verneint,
und das mit Recht; denn alles, was entsteht,
ist wert, daß es zugrunde geht;
drum besser wär's, daß nichts entstünde,
so ist denn alles, was ihr Sünde,
Zerstörung, kurz das Böse nennt,
mein eigentliches Element.“

Wir brauchen ein solches Wort heute weniger denn je mit Wirklichkeit zu füllen. Der Geist, der stets verneint, ist kein Gespinst. In einer neuen Form von Mythologie hat Sigmund Freud diese Macht zu fassen gesucht: Dem „Lebenstrieb“ steht als Widersacher der „Todestrieb“ gegenüber, der sich in unerbittlichem Wiederholungszwang durchsetzt und auf die Wiederherstellung eines früheren, nämlich unbelebten Zustandes aus ist. „Wenn wir es als ausnahmslose Erfahrung annehmen dürfen — so Freud in der Abhandlung „Jenseits des Lustprinzips" —, daß alles Lebende aus *inneren* Gründen stirbt, ins Anorganische zurückkehrt, so können wir nur sagen: *Das Ziel allen Lebens ist der Tod*, und zurückgreifend: *Das Leblose war früher da als das Lebende.*" Auf die elementare Frage des Mythos — Wie kommt eigentlich das Böse in die Welt?— scheint die neue Mythologie von Freud eine eindeutige Antwort zu finden: Das Böse kommt nicht eigens, kommt nicht von außen in die Welt. Mit dem Menschen selbst ist schon die Macht des Bösen gesetzt, der Drang zur Auflösung, das Ziel der Zerstörung. Der „Todestrieb" tritt der metapsychologischen Theorie Freuds zufolge an die Stelle, wo der Tradition nach der Teufelsglaube steht. Freilich kann auch der metapsychologische Versuch von Freud nur eine Paradoxie festhalten und in seinem Ausblick nur eine Aporie formulieren: „Die Menschen haben es jetzt in der Beherrschung der Naturkräfte so weit gebracht — heißt es am Schluß seiner Abhandlung über „Das Unbehagen in der Kultur" —, daß sie es mit deren Hilfe leicht haben, einander bis auf den letzten Mann auszurotten. Sie wissen das, daher ein gut Stück ihrer gegenwärtigen Unruhe, ihres Unglücks, ihrer Angststimmung. Und nun ist zu erwarten, daß die andere der beiden ‚himmlischen Mächte', der ewige Eros, eine Anstrengung machen wird, um sich im Kampf mit seinem ebenso unsterblichen Gegner zu behaupten. Aber wer kann den Erfolg und Ausgang voraussehen?"

Der Mythos vom Aufstand der Engel ist eng mit dem *Mythos vom Engelsturz* verknüpft. Wie das erste, so wird auch das zweite Motiv von einem untergründigen Strom der Überlieferung durch die Zeiten getragen und taucht an unterschiedlichsten Stellen — in der spekulativen Lehre, der Literatur, der bildenden Kunst — wieder auf. Vor allem in Zeiten der Verfolgung und Verzweiflung wird es zu einem Element visionärer Erwartung.

Zur Verdeutlichung bringen wir einen Ausschnitt aus der Apokalypse des Johannes (12,7 ff.):
„Und es entstand ein Kampf im Himmel: Michael und seine Engel führten Krieg mit dem Drachen, und der Drache kämpfte und seine Engel. Aber sie konnten nicht gewinnen und es wurde im Himmel kein Platz mehr für sie gefunden. Hinabgestürzt wurde der große Drache, die alte Schlange, wie der Teufel heißt und der Satan, der die ganze Welt verführt. Auf die Erde wurde er gestürzt und seine Engel stürzten mit ihm. Und ich hörte eine mächtige Stimme im Himmel rufen: Nun ist das Heil und die Kraft und das Reich in der Hand unseres Gottes, und die Macht seines Gesalbten ist angebrochen. Denn der Verkläger unserer Brüder ist verworfen, er, der sie Tag und Nacht vor Gott verklagt hat. Sie haben ihn überwunden durch das Blut des Lammes und durch das Bekenntnis zu ihm, sie liebten ihr Leben nicht bis zum Tod. Darum freut euch, ihr Himmel und alle, die darinnen wohnen. Wehe aber der Erde und dem Meer! Denn zu euch fuhr der Teufel hinab. Sein Zorn ist groß und er weiß, daß er nur wenig Zeit hat."
Aus der Menge der Motive, die dieser Text bietet, sind für unser Thema vor allem zwei von besonderem Interesse: die Vorstellung vom Sturz der Engel und vom Satan als Drachen. Das *Motiv des Sturzes* erscheint seit dem späten Mittelalter vor allem in der Malerei: Da werden beispielsweise von der Höhe des Bildes, wo himmlische Heerscharen um Gottes Thron versammelt sind, Kolonnen von Engeln kopfüber und mit hängenden Flügeln von kämpfenden Erzengeln in die Tiefe geworfen, wo sie das lodernde Feuer erwartet. Eine vielsagende Variante dieser Vorstellung bringt Hieronymus Bosch auf einem Bildausschnitt seines „Heuwagentriptychons": Da fallen Engel vor Gottes Füßen, vom goldenen Glanz getroffen, wie ein Geschmeiß von giftigen Fliegen taumelnd ins Meer. Eine ins Grauenhafte gesunkene Schöpfung — in diesem Sinnbild sind urzeitliche und endzeitliche Situationen festgehalten, der

Sturz der Engel, der Fall des Menschen und die Höllenfahrt der Verdammten am Ende der Zeit.

Was sagt uns nun eigentlich dieses Symbol vom Fall durch alle sakralen Formen hindurch? Welche Gefühle sucht es zu fassen, welche Ängste, welche Sehnsucht? Es ist eine erwägenswerte Erkenntnis, die Sigmund Freud aus seiner Arbeit mit Träumen und Symptomen von Patienten gewonnen hat: Daß das Symbol des Fallens eine verschlüsselte Form sexueller Ängste und sexueller Wünsche darstellt. „Wenn eine Frauensperson vom Fallen träumt — faßt Freud seine Erfahrung in der „Traumdeutung“ zusammen —, so hat das wohl regelmäßig einen sexuellen Sinn, sie wird eine ‚Gefallene‘.“ Daß auch der „Fall Adams“ im Zusammenhang mit der Sexualität assoziiert werden kann, zeigt die Auslegungsgeschichte des „Sündenfalls“ in Genesis 3 oder die uralte Auffassung von der „Erbsünde“. Freud weist freilich an anderer Stelle auch darauf hin, daß das Symbol des Fallens den Wunsch oder die Angst zu sterben zum Ausdruck bringen kann — eine Seite des Symbols, die unserem Sprachgebrauch keineswegs fremd ist: Soldaten fallen im Krieg, Autofahrer verlieren durch Unfälle ihr Leben. Das Symbol des Fallens umfaßt somit gerade die ausgefallenen Situationen des Lebens: Geburt und Tod, höchste Lust und tiefste Scham. Der Mythos vom Engelsturz vermag uns — anthropologisch gesehen — unter anderem daran zu erinnern, daß der Mensch in den Grenzsituationen des Lebens besonders Gefahr läuft, sich zu vergessen, anfällig zu werden für höllische Anfechtung, Orientierungslosigkeit und Verzweiflung. Die Anfechtung wird — wie es Luther wußte — zu einem Tor des Teufels.

Wie ein Mahnmal des Triumphes und des Trostes wirkt demgegenüber der *Mythos vom Drachenkampf:* Der Erzengel Michael oder — in späterer Zeit — der heilige Georg, zu ebener Erde oder hoch zu Roß, und der sich windende Drache, von der Lanze bereits tödlich durchbohrt. Das uralte Drachentötermotiv zählt zu den universalen Symbolen der Welt. Wie die Schlange spielt auch der Drache (von griech. ‚drakon' d. h. Schlange) die Rolle des chthonischen, des erdhaft-ekelhaften Tieres und wird zu einem Repräsentanten des Teufels schlechthin. Was mag eigentlich die Ursache dafür sein? Sicherlich spielt bei der Schlange, dem Krokodil, dem Lindwurm der Sage, den Meeresungeheuern der Mythen und der Drachenvorstellung auch das Äußere eine Rolle: das Archaische, das Fremde, das Unheimliche. Vielleicht ist auch noch eine tiefe Ahnung davon da, daß einmal ein erbarmungsloser Kampf zwischen Sauriern und Säugetieren getobt hat. Wahrscheinlich ist aber die Ursache noch umfassender zu denken. Tiefenpsychologisch gesehen ist vor allem bei der Schlange die sexuelle Symbolik unübersehbar, therapeutisch gesehen ist in der übertriebenen Angst und dem Abscheu vor der Schlange nicht selten Angst und Abwehr des Sexuellen verborgen. Der Phallus, symbolisiert in der Schlange, ist dann — besonders bei bestimmten Phobien — ein Paradebeispiel für das Schreckliche. Mehr noch. Die Schlange und der Drache sind nicht allein als ein männliches, sondern auch als ein mütterliches Symbol zu verstehen — eine Erkenntnis, die sogar dem Volksmund nicht fremd ist. So kann der Drachen die „verschlingende Seite" der Mutter und die Schlange die „verführerische Seite" der Frau verkörpern. Die Mutter wird dem Menschen mitunter zu einem unheilvollen Schicksal — das ist die eine, die lebensgefährliche Seite der Mutter: Das ist die totale Anklammerung und der blinde Anspruch auf Dankbarkeit, das ist die narzißtische Bindung, eine zum Auffressen bereite Liebe oder ein zum Umbringen fähiger Haß, das ist der feine Mechanismus, mithilfe der vielbesungenen Mutterliebe eine lebenslängliche Abhängigkeit und Minderwertigkeit des Kindes zu erzeugen. Das ist — wie gesagt — die eine, die lebensgefährliche Seite der Mutter, und die Psychotherapie oder — unbarmherziger noch — das Leben bringt sie an den Tag. „Die Mutter als Ausgangspunkt unseres Lebens — so der Erfahrungsbericht

‚Die Mutter als Schicksal' aus der Praxis des Psychotherapeuten Felix Schottlaender – bleibt das dunkle Vorbild für den Charakter der Welt, wie wir sie sehen. Wie eine gute Mutter als Schutzgeist, als Quelle der Ermutigung in schweren Stunden während unseres Lebens in uns fortwirkt, so kann auch das Gegenteil der Fall sein: eine schlechte und lieblose Mutter, eine ängstliche und schwerlebige, ichhafte Mutter kann zum Dämon werden, der dem späteren Erwachsenen sein Selbstvertrauen raubt und sich überall da hindernd einmischt, wo es gilt, zu wagen und zu gewinnen."

Im Streit mit dem Drachen ereignet sich ein lebensnotwendiger Kampf, ein Prozeß der Auseinandersetzung, Absetzung, Durchsetzung gegenüber all den archaischen mütterlichen Mächten wie der Heimat, der Kirche, der Nation, der Partei, der Sitte, der Verwandtschaft, soweit sie den Menschen um den Preis seiner eigenen Entwicklung festhalten oder sogar fressen wollen. Der Mensch muß – eine Binsenwahrheit – in die „böse" Welt hinaus. Er kann nicht zeitlebens in den vermeintlich herrlichen Zustand zurückkehren, wo die Mütter herrschen.

Im Symbol des Drachenkampfes spielen nach alledem mehrere Seiten mit: Das Drängen der Sexualität und der Drang zur Mutter zurück, Daseinsweisen, die – wenn sie überwertig werden – zu Dämonen werden. In den Gestalten des Erzengels Michael oder des heiligen Georg sind demgegenüber Mächte abgebildet, die mit den destruktiv wirkenden Mächten, den Ungeheuern der Tiefe, den Mächten des blinden Unbewußten und der bedingungslosen Unterwerfung, den Kampf aufnehmen und sie schließlich überwinden.

Die Malerei

Einen anderen, geradezu klassisch gewordenen Ausdruck hat diese Grunderfahrung in dem Kupferstich „Ritter, Tod und Teufel" von Albrecht Dürer gefunden. Da reitet ein Ritter in stählerner Rüstung einen Hohlweg hinauf, am Rande des Wegs ist kahles Geäst und Wurzelwerk und durch eine freie Stelle hindurch die Burg von Nürnberg zu sehen. Seit der Reformation ist dieser Stich nicht von ungefähr zu einem Symbol der Unerschrockenheit geworden, nach bestem Wissen und Gewissen seinen eigenen Weg zu gehen, „und wenn die Welt voll Teufel wär". In der Tat wird der Ritter vom Teufel wie auch vom Tod begleitet. Ängstlich und mit angelegten Ohren bewegt sich ein Hund, eng an die Beine des Pferdes geschmiegt. Aufrecht sitzend auf einem kraftvollen Roß verkörpert der Ritter das Urbild des „christlichen Soldaten" (des „miles christianus"), der sich von den auf allen Seiten lauernden Gefahren des Schicksals nicht schrecken läßt. So hat ihn schon Erasmus von Rotterdam gesehen, und hat den Rat gegeben: „Es wäre Sünde zurückzuschauen" („non est fas respicere"). Ungezählten Menschen hat sich seitdem dieses Urbild eingeprägt. Friedrich Nietzsche schreibt später in der „Geburt der Tragödie" bewunderungsvoll: „Ein trostlos Vereinsamter möchte sich kein besseres Symbol wählen können, als den Ritter mit Tod und Teufel, wie ihn uns Dürer gezeichnet hat, den geharnischten Ritter mit dem erzenen harten Blick, der seinen Schreckensweg, unbeirrt durch seine krausen Gefährten und doch hoffnungslos allein mit Roß und Hund zu nehmen weiß."

Dürer hat damit zweifelsohne eine zeitlose Darstellung der Schicksalsmächte geliefert, die jeden Menschen als ständige Bedrohung umgeben: des Todes mit dem Stundenglas vor Augen und des Teufels im Rücken. Er hat sich dabei – freilich ziemlich zurückhaltend – der Ausdrucksmittel bedient, die ihm seine Zeit überreichlich angeboten hat. Seit dem späten Mittelalter hat sich auch in der Malerei ein unerschöpflicher Reichtum an mythologischen Bildern, Phantasien und Visionen entfaltet. Er hat sich vor allem um Motive wie den Sündenfall, die Versuchung des heiligen Antonius, den Jüngsten Tag und die Höllenfahrt der Verdammten herumgerankt. Die Gemälde von Jan van Eyck, Stephan Lochner, Mathis Grünewald und vieler Maler der Dürerzeit, vor allem aber die visionären Bilder des Hieronymus Bosch haben auf geradezu unerbittliche Weise die Welt der Höllenqualen und der Teufelsszenen auszudrücken gesucht. Wir stehen heute einigermaßen irritiert vor der Fülle dieser irrsinnig erscheinenden Figuren. Was können sie uns aus ihrer irrationalen Verkleidung heraus sagen? Was steckt hinter der unheimlichen Masse der zerstückelten Mißgestalten und fettleibigen, rosahäutigen, wollüstigen Monstren, der Schweinegesichter in Nonnentracht, der gefiederten oder gepanzerten Scheusale, der Vogelungeheuer und all der vorsintflutlichen Wesen? Was steckt in dem Meer der erbarmungslosen Augen, fürchterlichen Fratzen, abgehackten Glieder, riesengroßen Klauen, entstellten Leiber, aufgerissenen Rachen, stumpfsinnigen Rüssel oder gefletschten Zähne? Was steckt hinter der Menge der Dudelsäcke, Feuersbrünste, Folterwerkzeuge, Galgen, Kessel, Krüge, Lanzen, Leitern, Pfeile, Schwerter und Messer, immer wieder Messer? Wir halten hier inne. So wunderlich uns diese Welt heute auch erscheinen mag, wir können – auch wenn wir es wollten – jene Maler nicht schelten. Im Gegenteil. Es ist ihnen auffallend geglückt, das abgründige Reich der inneren Regungen, der Ängste und der Wünsche auf ihre Leinwand zu bringen. Was in ihnen und in unzähligen ihrer Zeitgenossen gebrannt und gebrodelt hat, haben sie mit ihren an Symbolen übersättigten Mitteln zu bannen gesucht. Was spricht uns davon besonders an? Es ist, kurz gesagt, das ungeheuerliche Fluidum der Aggressivität (Folterwerkzeuge und dergleichen), es ist das unterschwellige Flair der Erotik (nackte Leiber, sexuelle Symbole wie der Dudelsack und dergleichen) und – in beiden zugleich – die unübersehbare Atmosphäre des Animalischen. Abgesehen von den vielen Mischfiguren, abgesehen auch von dem traditionellen Tieranhang des Teufels wie Affen, Katzen, Kröten, Schlangen und anderen fällt vor allem das Archaische der Tierarten auf: das Kriechtierhafte und das Vogelartige. Wir haben bereits beim Symbol der Schlange den Gedanken gestreift und rufen ihn erneut ins Gedächtnis: Vermutlich gibt es reale Gründe dafür, Abscheu und Angst vor dem Animalischen zu empfinden. Vielleicht sind in diesem Abscheu und dieser Angst nämlich noch Spuren jenes Kampfes aufbewahrt, der zwischen dem Menschen und diesen Tieren vor Zeiten getobt hat, Spuren der Angst, die wieder auflebt, sobald ein Mensch mit diesen Tieren zu tun hat. Aber es ist, wie gesagt, mehr. Es kommt ein doppelter Aspekt hinzu, die Ambivalenz von einer Art Wunsch und einer Art Angst. Irgendwie steckt im Menschen auch die Illusion: Die Tiere haben es mitunter leichter als die Menschen zu leben. Sie folgen ihren Instinkten, und wenn es schließlich ans Sterben geht, verkriechen sie sich, verenden sie, verlöschen sie. Das Sterben macht ihnen, während sie leben, nicht zu schaffen. Auch wenn es eine Illusion ist – man möchte sich manchmal so gehen lassen können, so wohl fühlen dürfen wie ein Tier. So klingt es sinnigerweise aus Auerbachs Keller herauf: „Uns ist so kannibalisch wohl, als wie fünfhundert Säuen." Zu leicht vergißt das dressierte und domestizierte Wesen „Mensch", daß es zu den Säugern gehört, zu schnell ist das Tier im Menschen zum Teufel gestempelt. Wir tun deshalb gut daran, an dieser Stelle von der Verhaltensforschung zu lernen. „Die alte chinesische Weisheit – sagt Konrad Lorenz –, daß zwar alles Tier im Menschen, nicht aber aller Mensch im Tier steckt, besagt durchaus nicht, daß dieses ‚Tier im Menschen' etwas von vorneherein Böses, Verächtliches und nach Möglichkeit Auszurottendes sei. Es gibt eine Reaktion des Menschen, die besser als jede andere geeignet ist, zu demonstrieren, wie völlig unentbehrlich eine eindeutig ‚tierische', von den anthropoiden Ahnen ererbte Verhaltensweise sein kann, und zwar für Handlungen, die nicht nur als spezifisch menschlich und hochmoralisch gelten, sondern es tatsächlich sind. Diese Reaktion ist die sogenannte *Begeisterung*". Allerdings – das ist der zweite Aspekt der Ambivalenz – läßt sich die Begeisterung auch andersherum ausschlachten. Zuviel Schindluder ist bereits von zuvielen Führern mit der Begeisterung von Menschen getrieben worden. Wir berühren damit den Aspekt der Angst vor dem Animalischen, der Angst, daß der Mensch dem Menschen zum Wolf wird, der Angst, daß ich den Trieben der Aggression und der Sexualität so hemmungslos ausgeliefert werde wie ein Tier. Um es in Anklang an ein Bild zu sagen, das Albrecht Dürer, das Martin Luther und das Sigmund Freud jeweils mit eigenen Akzenten verwendet haben: das Bild vom Reiter und vom Reittier. Es ist — so der gemeinsame Tenor — immer entscheidend, wer oben sitzt und das Pferd zu reiten versteht. Für Luther war es die Frage, ob Gott oder der Teufel als Reiter den Menschen als Reittier lenkt. Bei Freud erscheint das Bild im Bezugssystem der dynamischen Psychologie, der Beziehung von Es, Ich und Über-ich. „Man könnte das Verhältnis des Ich zum Es mit dem des Reiters zu seinem Pferd vergleichen — schreibt Freud in seiner Abhandlung ‚Neue Folge der Vorlesungen zur Einführung in die Psychoanalyse' —. Das Pferd gibt die Energie für die Lokomotion her, der Reiter hat das Vorrecht, das Ziel zu bestimmen, die Bewegung des starken Tieres zu leiten. Aber zwischen Ich und Es ereignet sich allzuhäufig der nichtideale Fall, daß der Reiter das Roß dahin führen muß, wohin es selbst gehen will." Man kann das Bild noch ergänzen. Es ereignet sich leider allzuhäufig auch der nichtideale Fall, daß das Roß den Reiter zu Boden wirft. Das ist wohl auch eine der Ursachen dafür, daß der übelzugerichtete Reiter das Roß — das heißt das Tierische, das heißt das Triebhafte in ihm und um ihn herum — für den Teufel hält. Auch umgekehrt wird uns nun klar, warum der Teufel so häufig in Tiergestalt erscheint: Die Tiergestalt verkörpert die ganze Ambivalenz gegenüber den Trieben, die Ambivalenz gegenüber dem Ausagieren von Aggression und Sexualität auf exzessive Art.

2.2.4 Die Subkultur des Satanismus

Von namhaften Experten der Entstehung von Mythen wird der ätiologische, der ursprüngliche Ort des Mythos in den Kultus verlegt. „Heute müssen wir lernen — heißt es beispielsweise bei Walter F. Otto —, daß es keinen echten (ursprünglichen) Mythos ohne Kultus gibt und je gegeben hat." Vielleicht verstehen wir von daher die Tatsache besser, daß der Teufelsglaube im Laufe der Geschichte mit den vielfältigen Formen des Satanismus eine solche Faszination und solche Folgen zeitigen konnte. Denn mit der kultischen Verankerung und Vertiefung hat der Teufelsglaube eine neue Dimension hinzugewonnen. Damit stoßen wir auf einen Sachverhalt und auf eine Sinndeutung, die wir bei unserem Verständnis des ganzen Teufelsglaubens nicht vergessen sollten: Die Subkultur des Teufelsglaubens und der subversive Kultus des Satanismus leben im Grunde von dem Kultus, in dem die Menschwerdung, der Tod und die Auferweckung des Sohnes Gottes gefeiert und geglaubt werden. Aus diesem Grunde ist auch die These des Tiefenpsychologen Gerhard Zacharias („Satanskult und Schwarze Messe") überzeugend: „Der Gegensatz Gott—Satan gehört zu den spezifischen Grundlagen des Christentums, und somit steht der Satanismus in einer typischen, unmittelbaren Beziehung zur christlichen Tradition, ja wir haben in ihm *die zentrale Erscheinung der ‚Nachtseite' des Christentums* vor uns." Diese „Rückseite" des Christentums erwies sich im Laufe der Geschichte als eine geradezu abgründige Realität, die wie in einem Rausch unzählige Menschen erfassen konnte. Um im Anschluß an Gerhard Zacharias nur *einige historische Stationen des Satanismus* herauszugreifen:

— das Phibioniten- und Ophitenmahl von gnostischen Kulten zur Zeit der Alten Kirche mit ihren üppigen Mahlzeiten, sexuellen Vereinigungen als „heiligen Verrichtungen", der Konsekration und Kommunion von Sperma und Menstrualblut;

- die orgiastischen Tänze an den Märtyrergräbern des vierten Jahrhunderts;
- die Flagellantenzüge und Veitstänze auf Straßen und Plätzen, die Narren- und Eselsfeste in Kathedralen und Kirchen des Mittelalters;
- der Hexensabbat seit dem Spätmittelalter mit seinen nächtlichen Ritualen: der Salbung des Teilnehmers mit stinkender Flüssigkeit, den Flugerlebnissen, dem Erscheinen des Teufels in Bocksgestalt, der Abschwörung Gottes, dem Kuß auf das Gesäß und die Schamteile des Satans, der Verwundung und Zufügung von blutenden Malzeichen, der völlig pervertierten Meßfeier, den sexuell orgiastischen Tänzen, der Kopulation mit dem Satan und aller Anwesenden untereinander. Protokollen der Inquisition zufolge, die der Hexenepidemien durch grausame Verhöre und ebenso grausame Hinrichtungen Herr zu werden versuchte, sprechen die Hexen immer wieder von unvergleichlichen Lusterlebnissen, um derentwillen sie lieber Folter und Tod auf sich nehmen wollten. Als grauenhafter Exzess wird auch das Sabbatmahl geschildert, bei dem man – folgt man den Texten – auch Kinder zum Essen aufgetischt hat. Ein symbolhaftes Beispiel für das chaotische Durcheinander gibt unter anderem das Dokument „Description du Sabbat“ von 1612 mit dem einen Satz: „Man sieht dort große Kessel, voll von Kröten und Vipern, Herzen von ungetauften Kindern, Fleisch von Gehenkten und anderem schauderhaften Aas.“
- Schwarze Messen von der Zeit Ludwigs XIV. an mit den blasphemischen Schändungen von Hostien, der Konsekration von Kinderblut, der Kommunion auf dem nackten Körper einer Frau und der orgiastischen Kopulation der Teilnehmer. Joris-Karl Huysmans, selbst ein Teilnehmer an einer Schwarzen Messe, schildert – zu späterer Zeit – in seinem Roman „Là-Bas“ die Szene folgendermaßen: „Die Aura der großen Hysterie erfolgte auf die Schändung und beugte die

Frauen nieder; während die Chorknaben die Nacktheit des Priesters beweihräucherten, stürzten sich Frauen auf das eucharistische Brot und erkrallten es, platt auf dem Bauche, zerrissen es in feuchte Stücke, schlürften und aßen diesen göttlichen Kot."

Der untergründige Strom des Satanismus zieht sich durch die Zeiten, durch die Zeiten eines Baudelaire (Satanslitanei in „Fleurs du Mal"), eines Max Ernst (Collage „Rom"), eines Luis Buñuel („Viridiana"), eines Hermann Nitsch („Orgiastisches Mysterientheater") bis in unsere Tage hinein. Unter der dünnen Decke unseres technologischen Zeitalters scheint dieser Strom wieder hervorbrechen zu wollen:

– in den Satanskirchen und Satanskulten in den Vereinigten Staaten;
– in den zahlreichen Zirkeln von Hexen und Teufelsanbetern im heutigen England;
– in der Faszination des Bösen, wie sie vor allem in Filmen zum Ausdruck gelangt, in der Form des harten Pornos („The Devil in Miss Jones", „Deep Throat", „High Rise" oder anderen) und nicht zuletzt in der Okkultwelle des Films („Rosemary's Baby", „Exorcist");
– in der Renaissance des Teufelsglaubens in der Rockmusik, so bei den Rolling Stones („Sympathy for the Devil") und anderen Gruppen;
– in dem erbarmungslosen Sadismus, mit dem ein Leutnant Calley und seine Hintermänner in Vietnam oder eine Hippiegruppe in Hollywood gewütet haben.

Wir halten hier inne. Was viele Maler seit dem Mittelalter in ihren Visionen vorweggenommen haben, ist in den Symptomen des Satanismus offensichtlich Wirklichkeit geworden. Wollen wir es nicht bei moralischer Entrüstung belassen, so müssen wir uns wieder fragen: Was steckt eigentlich hinter diesen teuflischen Taten? Wie können und was können wir da noch verstehen? Wie können wir das bei uns selbst verarbeiten? Wir wollen im folgenden versuchen, einige typische *Elemente der*

Erscheinungsformen des Satanismus aufzugreifen und mit Hilfe der psychoanalytischen Entwicklungslehre ihre Hintergründe etwas einsehbarer zu machen. Vier Motive schimmern durch das vorliegende Material hindurch:

Das Erleben von Haut und von körperlichem Kontakt

„Wenn sie nämlich wieder einmal unter sich in Ekstase geraten sind – heißt es in einem Text, der die gnostische Sekte der Phibioniten betrifft –, besudeln sie ihre Hände mit der Schande ihres Samenergusses, strecken sie aus und beten mit den befleckten Händen und nackt am ganzen Körper, um durch diese Handlung eine freiere Aussprache mit Gott finden zu können. Ihre Leiber aber pflegen sie bei Nacht und bei Tage, Weiber und Männer, mit Salben, Baden und Speisen." Die Behandlung der Haut, die rituelle Nacktheit in nahezu allen Satanskulten, die Einfettung der Hexen für den Hexensabbat und nicht zuletzt die Einbalsamierung eines Hexennovizen mit giftig-stinkenden Essenzen sind vermutlich Hinweise auf tiefliegende Bedürfnisse der frühkindlichen Körpersphäre. Nackt herumspringen zu dürfen, gebadet, gepudert, gestreichelt zu werden, Zärtlichkeiten über die ganze Haut zu empfinden – das erinnert an ein Stadium, in dem ein Säugling mit allen seinen Sinnen die Zuwendung einer annehmenden Wirklichkeit (von einer guten Mutterfigur), kurzum das Grundgefühl des Geliebtwerdens erleben kann. Vielleicht sind die Sehnsüchte der Satanisten in diese Zeit zurückgewandert („regrediert"), in die Zeit der „sensorischen Phase" (Fritz Riemann), in eine Zeit, in der die Erfahrung von Zuwendung und Zuverlässigkeit durch die Mutter die Erfahrung von Spaltung, Trennung, Zerrissenheit überwiegt, in der sich die Welt nicht als teuflisch herausstellt. Ob es bei diesen Satanisten daran krankte? Wir wissen es nicht und wir vermuten nur. Diese Vermutung wird nicht zuletzt auch genährt durch das Wissen um die soziale Wirklichkeit der Satansanhänger: Es waren meistens arme, deklassierte, kleine Leute.

Vielleicht lassen sich vom sozialen Hintergrund her auch die Flugerlebnisse, vermutlich halluzinatorische Erlebnisse, verstehen, die unter dem Einfluß von Giften, Kräutern, Salben und ähnlichem entstanden. Fliegen zu können, der düsteren Wirklichkeit für eine Weile entfliehen und himmlische Höhen erreichen zu dürfen, das ist auch unserer Zeit nicht fremd, in der man sich ebenfalls von der Einwirkung der Drogen erhofft, sich Dimensionen einer ungeteilten, umfassenderen Wirklichkeit zu erschließen.

Das Erleben des Essens und der Einverleibung

Von den antiken Satanskulten bis hin zu den amerikanischen Satanskirchen steht meistens eine Mahlzeit in der Mitte der nächtlichen Treffen. Der Akt des Essens dient dabei zunächst einem uralten, magisch verstandenen Motiv: Man möchte möglichst große („Mana-") Kräfte in sich aufnehmen, um möglichst große Kraft („Potenz") zu haben. Vielleicht sind von daher auch die Entartungen des Essens zu verstehen: Brot, aus der Asche getöteter Kinder gebacken, schmutzige und schwarze Hostien, Kot, Krötenfleisch, Schlangen, Sperma und dergleichen. Der Akt des Essens dient neben der oralen Aufnahme jedoch noch einem zweiten Zweck: der kannibalistischen Auflösung und Einverleibung von Leben. Während es für die normale Entwicklung des Kindes eine tägliche Erfahrung ist, sich Teile der Mutter wie die Milch oder das Bild der Mutter einzuverleiben, kehren die pervertierten Mahlzeiten und Messen diesen Vorgang um: Die Mütter fressen ihre Kinder, um sich Kraft für ihr eigenes Leben zu holen. Auf grausigste Art wird hier die Mutter zur Hexe, wird hier eine dunkle Angst in die Tat umgesetzt, die alle Kinder dieser Erde mehr oder weniger erfüllt: daß die eigene Mutter, daß die „Mutter Erde" den Menschen verschlingt. Von den Tiefenpsychologen hat sich vor allem Erich Neumann mit diesem verschlingenden Aspekt der „Magna Mater" befaßt. „So wird der Schoß der Erde — schreibt Erich Neumann („Die große Mutter") — zum tödlich zerreißenden Maul der Unterwelt, und neben dem zu befruchtenden Schoß und der zu schützenden Höhle der Erde und des Berges klafft der Abgrund und die Höhle, das dunkle Loch der Tiefe, der fressende Schoß des Grabes und des Todes, der lichtlosen Dunkelheit und des Nichts. Denn dieses Weib, welches das Leben und alles Lebendige der Erde gebiert, ist zugleich auch die alles wieder Fressende und in sich Einschlingende." Ein ziemlich deprimierendes Zitat. Auf seinem Hintergrund wächst deshalb umso stärker das Verlangen, in einer Gemeinschaft geborgen zu sein, die einen mitsamt den Abgründen und Abwegigkeiten aufnimmt. Die starke Anklammerung an eine verschworene Gruppe (Hexenzirkel, Satanskirche) entspringt, genau genommen, dem Grundgefühl der Depression. In der Tat ist das Erscheinungsbild der Depression oftmals eng mit dieser oral-aggressiven Entwicklungsstufe verbunden. Bemerkenswert ist in diesem Zusammenhang schließlich auch die Beschreibung des Teufels in einem spanischen Text um 1610. Der Teufel erscheint da nicht nur als losgelassenes, lüsternes Ungeheuer, sondern buchstäblich als „armer Teufel", ein über sein Tun im Tiefsten verzweifeltes Wesen: „ . . . und immer spricht er mit einer traurigen und heiser brummenden Stimme, wenngleich unwillig, und sein Gesichtsausdruck ist trübsinnig, und er scheint allezeit verdrießlich zu sein." Gerhard Zacharias schließt dieser Beschreibung eine einleuchtende Deutung an: „Psychologisch gesehen handelt es sich um den *Zustand der Depression*, die, wie die Erfahrung lehrt, aus einer Versagungssituation entsteht und durch die Diskrepanz zwischen einem übersteigerten, gärenden Anspruch und dessen mangelnder Erfüllung charakterisiert ist. Unter diesem Gesichtspunkt erscheint das Treiben des Hexensabbats wie ein gewaltiger *Versuch* des Satans, sich rauschhaft aus seiner depressiven Qual *zu befreien*, ein Unternehmen, das — wie es beim Depressiven immer der Fall zu sein pflegt — keine prinzipielle Veränderung der Lage herbeizuführen vermag und darum immer wieder in der gleichen Verfassung endet, die sein Ausgangspunkt war.“ Vielleicht hat diese Depression in der Tat etwas mit der tragischen Dimension des Teufelsdaseins zu tun, nicht wie Christus für andere sterben zu können, sondern vom Leben anderer leben zu müssen — eine Erfahrung, die die Teilnehmer des Teufelskultes trotz manischer Ausbruchsversuche erst recht in den Teufelskreis der Depressionen treibt.

Das Erleben des Besitzens und des Trotzens

Eine Schlüsselszene des Satanismus ist immer wieder die Anbetung des Satans. Das bezeichnendste Symbol dafür ist der Kuß der Teilnehmer von Hexensabbaten auf das Hinterteil des Teufels. Mehr noch. Dieser Akt ist geradezu typisch für die ganze Atmosphäre des Analen, die so ziemlich alle Arten des Satanskultes durchzieht. Es ist die Atmosphäre absoluter Obszönität, in der alles in den Dreck gezogen wird, was anderen lieb und wert ist, in der allenthalben der Aufstand probiert wird gegen alles, was anderen „heilig“ ist. Mit der Obszönität verbindet sich die Blasphemie, und es ist geradezu aufschlußreich, daß im Satanskult die Schändung der Hostie — etwa durch Ausschütten in den Abtritt — ein Bestandteil dieses Anti-Kultes ist. Auffallend ist der Zwang, mit unmenschlichen Aktionen und unflätigen Ausdrücken die Autonomie gegenüber Gott und der Welt beweisen zu müssen, und sei es auch auf brutalste und teuflischste Art. *Die Blasphemie, das Obszöne, der Sadismus, der Trotz* — sie scheinen alle einem heimlichen Allmachtsgefühl zu entspringen, aus dem heraus der Mensch die Grenzen des Menschlichen übersteigt, um „zu sein wie Gott“. Und doch erinnert dies alles eher an die Haltung und die Hoffnung eines Kindes, das auf dem „Thron“ sitzt und zu beweisen trachtet, daß es „machen“ kann, was es will. Die Lust und der Wunsch nach Besitz und Macht bestimmt mehr oder weniger die Wirklichkeit jedes Menschen. Im Satanskult scheint dieser Wunsch jedoch die ganze Wirklichkeit auszumachen: Ohne Rücksicht auf gesetzte Grenzen — beispielsweise die Inzestschranke — und ohne Rücksicht auf die Realität des Anderen haben Teufel und Teufelsanbeter von Geschlecht und Leben anderer Besitz ergriffen. Es ist im Grunde eine „aggressiv-anal" getönte Welt, eine kindlich-trotzige Welt, der die Teilnehmer der Teufelsfeste verhaftet geblieben sind. Der Geist, der stets verneint, ist anscheinend darauf angewiesen, in seinem penetranten Eigensinn und seiner pervertierten Eigenständigkeit bejaht zu werden.

Das Erleben des Ekstatischen und des Erotischen

Die harte Pornowelle von heute scheint sich dadurch hervortun zu wollen, daß alles erlaubt ist, was schockiert. Sie ist insofern eine Art publikumsträchtiger Protestbewegung gegen die Überreste bürgerlicher Prüderie. In ähnlicher Weise dürfen wir wohl auch die Phänomene des Hexensabbats und der Schwarzen Messe begreifen: als heimliche Protestbewegungen gegen die überstrengen Prinzipien der Kirche im Blick auf Ehe und Sexualität. Sie bedienten sich dabei insbesondere der archaischen Elemente, wie sie etwa im antiken Dionysoskult lebendig waren: der Elemente der Ekstase, der Erotik, des Exhibitionismus. Von grandiosen Illusionen schien das „Ich" des Menschen überschwemmt zu sein, so daß selbst der Inzest keine Schranke mehr war. Unter den Augen und — mehr noch — der Anleitung einer „Mutter" (Hexenkönigin) und eines „Vaters" (Teufel, Teufelspriester) seinen Verstand zu verlieren und alle Verbote vergessen zu dürfen, bis zur Raserei zu tanzen, ohne Scham und ohne Scheu alles zu zeigen, was an Intimitäten überhaupt zu zeigen ist, die sexuellen Empfindungen ohne Hemmung auszuleben — das sind uralte Wünsche des „Es", die den Menschen in früher Kindheit überkommen, später aber verdrängt werden müssen und nur in den Symptomen von Psychoneurosen, Perversionen und Psychosen, nur in den Phantasien und Träumen zum Vorschein kommen. Zusammen mit der „Macht“ kann auch die „Lust“ vom Menschen Besitz ergreifen und ihn „besessen“ machen. Sieht man sich — wie etwa Cécile Ernst in ihrer Untersuchung „Teufelsaustreibungen“ — die Symptome der Besessenheit an, so erinnern sie uns unübersehbar an jene Symptome, die schon Charcot und später Freud beim Krankheitsbild der Hysterie feststellen konnten. Vielleicht ist das Hexenwesen denn auch als eine Form von epidemischer Hysterie zu verstehen, deren Hintergründe freilich zu vielschichtig sind, als daß wir hier mehr als vermuten könnten. Die Erotisierung des einzelnen scheint jedenfalls auch durch massenpsychologische Mechanismen wie „Begeisterung“ (Konrad Lorenz) oder „das Zauberwort der Suggestion“ (Sigmund Freud) verstärkt zu werden. Jeder kollektive Wahn müßte jedoch seine Wirkung verfehlen, kämen ihm nicht unbewußte Wünsche des Menschen entgegen, endlich einmal aus sich herausgehen, sich ohne Hemmung hingeben und sich vollkommen verströmen zu können.

Ein durchgehendes Merkmal aller vier Motive verdient nach alledem noch einmal herausgehoben zu werden: Diese Motive werden in einer Überwertigkeit und auf eine Weise auszuleben gesucht, die dem Erwachsenenstadium längst nicht mehr entsprechen. Die frühkindlichen Entwicklungsphasen und die infantilen Erlebnisweisen, auf die im Satanismus auf dem Wege der Regression zurückgegriffen wird, sind deutliche Symptome dafür, daß eine Art Spaltung stattgefunden hat: zwischen Gott und Teufel, Tag und Nacht, Erwachsenem und Kind, Bewußtem und Unbewußtem. Was immer als Ursache dafür zu gelten hat: die dualistische Grundhaltung des christlichen Glaubens, die aufklärerische Zerreißung von Gefühl und Vernunft und was dergleichen sonst — es hat ein tiefgreifender Vorgang der Verdrängung sich vollzogen, aufgrund dessen der Satanismus mit seinen Strömungen im Untergrund sich zu verselbständigen vermochte. Die Subkultur des Satanismus ist ein

Versuch, Verdrängungen mit regressiven, die Realität pervertierenden Mitteln rückgängig zu machen. Der Satanismus ist — anders gesagt — die Suche nach Glückseligkeit im Schatten Gottes.

Es läßt sich nach alledem als *zweite These unseres Themas* formulieren:
Die Problematik des Teufelsglaubens gedeiht nicht in einer entlegenen Provinz, sie ist nicht das Requisit aus einer Rumpelkammer der menschlichen Psyche. Mithilfe von tradiertem Material und tiefenpsychologischen Mitteln läßt sich vielmehr zeigen, daß sich der Teufelsglaube mit verschiedensten Perspektiven der Vergangenheit und der Gegenwart verbindet: dem Spannungsfeld des christlichen Glaubens, der säkularisierten Sprache, der Symbolik in Märchen, Mythos und Malerei und nicht zuletzt mit der Subkultur des Satanismus. In Abwandlung einer Weisheit des Talmuds war unser Ausgangsmotiv gewesen:
Der Teufelsglaube, der nicht gedeutet wird, ist wie ein Brief, der nicht geöffnet wurde.

2.3 Zum Dämonen- und Teufelsglauben — Deutungen aus der Tiefenpsychologie

Die Kultur- und die Religionsgeschichte haben ein reichhaltiges Arsenal an Material und Motiven des Teufelsglaubens bereitgestellt. Es wäre indessen längst ein Museum angestaubter Antiquitäten daraus geworden, begegnete diesem Angebot nicht die Aufnahmebereitschaft von Menschen aller möglichen Zeiten. Wir erweitern deshalb unsere Ausführungen noch um einige Aspekte, die sich dieser Aufnahmebereitschaft und ihren Auswirkungen widmen. Kulturgeschichte und Lebensgeschichte verschränken sich hier offensichtlich aufs engste.
Daß die Tiefenpsychologie von Anfang an intensiv an der Geschichte des Menschen wie der Menschheit interessiert ist, hat sie mit anderen Humanbereichen wie der

Medizin, der Philosophie oder der Theologie gemein, und dies nicht ohne Grund. Um die körperliche oder physische Verfassung, den Denkansatz oder den Glauben eines Menschen oder einer Gruppe von Menschen verstehen zu können, bedarf es der Anamnese, der Erinnerung, der Vergegenwärtigung dessen, was gewesen und was geworden ist. Es wäre dem Grundansatz der Tiefenpsychologie wie dem der Theologie zuwider, nur Befunde der Gegenwart zu erheben, so wichtig diese auch sind. Psychoneurotische oder psychosomatische Krankheiten haben bei ihrem Bekanntwerden meist eine längere Geschichte hinter sich, welche den Entdeckungen Freuds zufolge bis in die früheste Kindheit reichen kann. Freuds bahnbrechende Erkenntnisse erstrecken sich freilich nicht allein auf die Pathogenese, die Entstehung neurotischen oder psychotischen Leidens. Sie sind auch auf die Entwicklung aller psychischen Einstellungen, Haltungen, Motivationen, kurzum des Persönlichkeitsprofils des einzelnen anzuwenden. Trifft es zu, daß der Dämonen- und Teufelsglaube nicht über Nacht vom Himmel fällt, sondern sich in der Geschichte der Menschheit, der Geschichte einer sozialen Einheit (einer Familie etwa oder einer Religionsgemeinschaft) und nicht zuletzt der Geschichte des einzelnen allmählich vorbereitet, dann erscheint es angezeigt, den genetischen Gesichtspunkt für unsere weiteren Ausführungen aufzugreifen.

2.3.1 Das Unheimliche und die Angst

Albrecht Dürer hat mit seinem Kupferstich „Ritter, Tod und Teufel“ auf klassische Weise zum Ausdruck gebracht, daß der Mensch auf seinem Weg durch die Welt von unheimlichen Mächten umgeben ist. Man ist heute leicht geneigt, das Wissen um das Unheimliche den Kindern und den letzten Ureinwohnern dieser Erde zu überlassen. Es mußte freilich erst ein Uri Geller kommen, damit deutlich wurde, unter welch dünner Decke magische Denkweisen, Erlösungssehnsucht und Wundergläubigkeit bei Millionen von Menschen schlummern. Freud hat schon für seine Zeit eine bedenkenswerte Einsicht festgehalten, als er in seiner Abhandlung über „Das Unheimliche" schrieb: „Auf kaum einem anderen Gebiete hat sich unser Denken und Fühlen seit den Urzeiten so wenig verändert, ist das Alte unter dünner Decke so gut erhalten geblieben wie in unserer Beziehung zum Tode." Nicht zu Unrecht hat deshalb Albrecht Dürer die beiden Mächte des Unheimlichen, den Tod und den Teufel, in einen engen Zusammenhang gebracht. Auch für das menschliche Gefühl gehören sie eng zusammen. Die Angst, „die Krankheit zum Tode" (Sören Kierkegaard), fächert sich in eine ganze Ansammlung von Ängsten auf: Die Angst vor dem Tod, vor dem Teufel, vor Geistern und Gespenstern (sozusagen Zwischengliedern zwischen Tod und Teufel), vor schrecklichen Tieren, vor Toten, vor dem dunklen Wald, vor dem Geräusch im leeren Haus, vor dem Alleinsein. Irgendwie erinnert das alles an die eigene Kindheit. Freud sagt denn auch in der erwähnten Abhandlung: „Das Unheimliche des Erlebens kommt zustande, wenn *verdrängte* infantile Komplexe durch einen Eindruck wieder belebt werden, oder wenn *überwundene* primitive Überzeugungen wieder bestätigt werden."

Welche Komplexe der Kindheit können das sein? Welche Ängste kommen bei Kindern vor und welche direkte oder indirekte Beziehung können sie zum Teufelsglauben haben? Um einige Beispiele von solchen Urängsten zu bringen:

— die Angst, daß die Mutter weggeht und nicht wiederkommt, die Angst vor dem Alleingelassenwerden, der Trennung, der Verlassenheit (in der Fachsprache „Angst vor Objektverlust"). Die Welt außerhalb des Mutterleibes würde dieser Angst zufolge von Wesen bewohnt, auf die man sich nicht verlassen kann, denen man stets mit Mißtrauen begegnen muß. Mein „Urmißtrauen" (Erik Erikson) flüstert mir ein: Ich bin von einer grausamen, grausigen Welt umgeben;

– die Angst, daß die Mutter oder der Vater böse werden und dem Kind ihre Liebe entziehen („Angst vor Liebesverlust"). Die Eltern sind – dieser Angst zufolge – Mächte, mit denen man sich gutstehen muß, mit denen man einen heimlichen Pakt schließen kann: Bin ich brav und passe mich an, dann habe ich sie für mich. Aber auch das Umgekehrte trifft zu: Ich kann die Zuwendung der Eltern erzwingen, wenn ich sie ständig provoziere;
– die Angst, daß der Vater den Jungen aus Grausamkeit an seinem Genitale bestraft oder beschädigt, so wie es scheinbar schon mit der Schwester und all den anderen Mädchen geschehen ist („Kastrationskomplex"). Der Vater erscheint – dieser Angst zufolge – als ein unberechenbarer Dämon, trotz seines annehmbaren Aussehens bei Tag;
– die Angst, etwas Schlimmes gedacht oder gemacht zu haben („Überich-Angst"). Die Stimme des Gewissens sagt mir, daß mir vom Vater, von der Mutter, daß mir von Gott Strafe droht, denn ich habe die Gebote übertreten. Gott erscheint – dieser Angst zufolge – als ein strafender Richter, als Rächer, als „Verkläger";
– die Angst, den eigenen Trieben zu erliegen, die Angst vor Mordgedanken und vor Lustgefühlen („Angst vor der Triebstärke"). Die Angst vor „dem bösen Trieb" (ein Begriff des Spätjudentums) ist eine Angst vor dem Ausbruch des Chaos, des totalen Durcheinanders, vor dem Zerfall und der Zerstörung aufgrund einer Macht, die alles „durcheinanderwirft" („Diabolos").

Wir haben uns hier auf einige typische Arten von Angst beschränkt. Das Erleben von Angst ist gewiß so vielfältig, wie es Menschen gibt, in denen die Kindheit immer wieder auflebt. Einer Aufstellung des Pädagogen und Psychoanalytikers Hans Zulliger („Die Angst unserer Kinder") zufolge rangieren unter den häufigsten Kinderängsten die Angst vor Tieren (96 %), vor Körperbeschädigung und Kastration (95 %) und vor Geistern, Gespenstern, Einbrechern (91 %) an oberster Stelle. Was

Albrecht Dürer in die tierischen Gestalten des Unheimlichen, in die Gestalten von Tod und Teufel gebannt hat, wird vonseiten der Tiefenpsychologie heute neu gesehen. „Unbekannte, geheimnisvolle Mächte – heißt es auch in einer Arbeit („Zur Tiefenpsychologie des Kindes") der Psychagogin Christa Meves – unbekannte, geheimnisvolle Mächte, die das Leben und die Individuation des Kindes begleiten oder auch gefährden, zeigen sich dem Kind in Träumen und Phantasien. Ihre Bedrohlichkeit kann mit Hilfe von Angst Kraft zum Kampf und zur Gegenwehr hervorrufen. Die Engel und Teufel, Nikolause und Räuber, Feen und Hexen, Elfen und Zwerge sind daher vermutlich nicht nur von außen an die Kinder herangetragene Gestalten."

2.3.2 Das Ich und die Abwehr

Wie kann sich aber ein Kind gegen die Übermacht des Unheimlichen und der Angst schützen, wo es in völliger Abhängigkeit den freundlichen oder den feindlichen Mächten wehrlos ausgeliefert ist, wenigstens am Anfang seines Lebens? Wir dürfen davon ausgehen, daß seelische Vorgänge trotz schlimmster Fehlentwicklungen und schwer verständlicher Formen, trotz mancher Krankheiten und mancher Kuriositäten sinnvoll verlaufen. So kommt dem Kind, wie sehr auch immer vom Unheimlichen umgeben, normalerweise zwar keine starke, aber eine zureichende innere „Macht" entgegen, mit der es sich gegenüber seiner äußeren wie seiner inneren Welt zu wehren vermag: die Möglichkeit der Ichentwicklung, die Möglichkeit, sich mehr und mehr als Subjekt gegenüber der Innen- wie der Außenwelt zu verhalten, die Fähigkeit, Ordnung und Übersicht in das Ungestaltete mithilfe von Raum und Zeit zu bringen und nicht mehr nur Objekt und Opfer von unheimlichen Mächten und Mysterien zu sein. Das im Menschen angelegte „Ich" lernt es, sich mehr und mehr zu wehren. Ihm steht gegenüber dem Ansturm von innen und von außen neben dem Ausweg der Aggression oder der Flucht auch ein Arsenal von sogenannten Abwehrmechanismen zur Verfügung, von Schutzfunktionen im psychischen Organismus, die auf die realen und irrealen Ängste ganz verschiedenartig reagieren können. Wir halten es für angebracht, im Rahmen unseres Themas — freilich ohne Rücksicht auf die chronologische Reihenfolge und Vielschichtigkeit dieser Vorgänge — wenigstens drei dieser von Anna Freud beschriebenen Abwehrmechanismen einzubeziehen.

Verdrängung

Wir sind schon verschiedentlich auf diesen grundlegenden psychischen Vorgang gestoßen, vor allem bei der Deutung des Satanismus als einer Subkultur. Denn wahrscheinlich spiegelt der Satanismus wider, was im christlichen Glauben und dem abendländischen Kulturkreis der Verdrängung anheimgefallen ist: das ungehemmte Ausleben der Aggression („Die Liebe tut dem Nächsten nichts Böses") und der Sexualität („Lasset uns ehrbar wandeln als am Tage, nicht in Fressen und Saufen, nicht in Wollust und Unzucht"). In Analogie zu diesem allgemeinen Vorgang finden wir auch in der Entwicklung des einzelnen den Abwehrmechanismus der Verdrängung vor. Was soll er bezwecken? Er kann dafür sorgen, daß Angst vermieden wird, das heißt, daß bestimmte Affekte, Impulse, Vorstellungen nicht ans Tageslicht kommen. Manches darf dann gar nicht vorkommen: Daß ich als Kind beispielsweise meinen Vater hasse, ihn zum Teufel wünsche und hoffe, daß er nicht mehr lange lebt, weil er mir meine Mutter wegnimmt. Oder auch umgekehrt: Daß der Vater böse ist — das kann nicht sein, das darf nicht sein. Mit dem Selbstbild kann es wie mit dem Vater- und wie mit dem Gottesbild gehen: Es darf aus bestimmten Gründen nicht befleckt werden. Was bedrohlich wirkt, wird deshalb abgetrennt und abgedrängt. Freud hat von seiner Sicht her die Verdrängung auch zum Verständnis des Teufelsglaubens herangezogen. Aufschlußreich für seine Auffassung ist vor allem seine Abhandlung über „Eine Teufelsneurose aus dem 17. Jahrhundert", auf die wir hier in groben Zügen eingehen wollen.

Es handelt sich dabei um die Beschreibung einer Teufelsneurose in einem historischen Text, den Freud ausgewertet und kommentiert hat. Seiner Deutung der überlieferten Quellen stellt Freud eine bezeichnende Grundsatzerwägung voran: „Wir dürfen nicht erstaunt sein, wenn die Neurosen dieser frühen Zeiten im dämonologischen Gewande auftreten... Die Besessenheiten entsprechen unseren Neurosen, zu deren Erklärung wir wieder psychische Mächte heranziehen. Die Dämonen sind uns böse, verworfene Wünsche, Abkömmlinge abgewiesener, verdrängter Triebregungen. Wir lehnen bloß die Projektion in die äußere Welt ab, welche das Mittelalter mit diesen seelischen Wesen vornahm; wir lassen sie im Innenleben des Kranken, wo sie hausen, entstanden sein." In den Dokumenten, die lange Zeit in der Bibliothek des Wallfahrtsortes Mariazell aufbewahrt waren, geht es um den Bericht zweier Teufelspakte, durch die sich der Maler Christoph Haitzmann dem Teufel verschrieben hat. Freud findet nun, daß die üblichen Motive zu solchen Teufelsverschreibungen für den Maler nicht zugetroffen haben können, da er die Angebote des Teufels wie Zauberkünste, Geld und Genuß ja abgewiesen hat. In einer rekonstruierten Anamnese kommt Freud dann zu diesen Folgerungen:

Nach dem Tod des Vaters haben sich bei dem Maler Symptome einer schweren Depression und einer ständigen Arbeitshemmung bemerkbar gemacht. Im Verlauf einer schweren Melancholie ist es dann zu der ersten Annäherung des Teufels gekommen, der sich dabei verpflichtet hat, dem Maler neun Jahre lang den Vater zu ersetzen. Nach dieser Frist sei er ihm verfallen. Dieser Vorgang hat sich später wiederholt. Melancholie tritt nun – nach Freud – als neurotische Form der Trauer gewöhnlich um so heftiger auf, je mehr das Verhältnis zum

Vater unter dem Zeichen der Ambivalenz, einer Doppelwertigkeit oder einer Doppeldeutung, gestanden hat. Sie ist mitunter ein Ausdruck des „nachträglichen Gehorsams". Freud gelingt es nun, eine Reihe von Zügen aus der Krankengeschichte des Malers (Visionen, Zahlen, sexuelle Symbolik) auf die frühe Kindheit und auf die noch nicht gelöste Vater- bzw. Mutterbindung zu beziehen. Es ist — wiederum Freud zufolge — nach alledem nicht befremdend, daß der Teufel zum Ersatz für den Vater gewählt werden konnte. Denn der umgekehrte Vorgang, daß Gott als Vater-Ersatz erscheint, ist hinreichend bekannt. Auf Gott werden vielfach die Erfahrungen übertragen, die der einzelne Mensch in der Kindheit und die Menschheit in ihrer Vorgeschichte mit dem Vater gemacht haben. Vermutlich sind Gott und der Teufel ursprünglich identisch gewesen, eine einzige Gestalt, die später in zwei Gestalten mit gegensätzlichen Eigenschaften zerlegt worden ist. Die Widersprüche im ursprünglichen Wesen Gottes sind als Spiegelung der Ambivalenz zu erklären, die das Verhältnis des einzelnen zu seinem Vater beherrscht. Der Vater ist somit das Urbild Gottes wie des Teufels. Abspaltungen Gottes aufgrund der Ambivalenz sind aus der Kulturgeschichte (Hexenprozesse), dem Märchen (Wolf und sieben Geißlein), aus Träumen (Räuber, Einbrecher) zu belegen. So hat auch der Maler, schließt Freud, in seiner Lebensgeschichte den Weg vom Vater über den Teufel als Vaterersatz zu den frommen Patres zurückgelegt, bei denen er später als Einsiedler seinen Lebensabend beschloß.

Wieweit wir auch immer Freud mit dieser Deutung zu folgen bereit sein mögen — er hat mit seiner Sicht die These begründet, daß der Teufelsglaube im Zusammenhang mit der Geschichte des Menschen, das heißt vor allem mit der Geschichte seines Verhältnisses zu seinem „Vater" (dem leiblichen Vater, anderen Vaterfiguren) zu verstehen ist. Man wird darüberhinaus die These einsehen können, daß in Analogie zum Vaterbild auch beim Gottesbild um so mehr abgeblendet wird, je heller das

Gottesbild, das Bild des himmlischen Vaters, erscheint. Je reiner, je heller und lichter das Gottesbild erscheint, um so stärker wächst „der Schatten“ (C. G. Jung), solange der Mensch im Licht und im Dunkel zugleich lebt.

Identifikation

Die Tragik des Teufels ist es, „wie Gott sein“ zu wollen, Gott immer wieder als „Affe Gottes“ (Luther) imitieren zu wollen – und ihn doch niemals einholen zu können. Wir haben eine scheinbar ähnliche Situation im Verhältnis von Vater und Sohn vor uns. Für ein paar entscheidende Jahre seines Lebens (etwa von vier bis sechs) versucht auch der Sohn, dem Vater gleich zu sein. Doch es gelingt ihm nicht. Der Vater ist einfach größer und mächtiger. Diese sogenannte ödipale Konstellation ist eine klassische Situation der menschlichen Ohnmacht. Sie wird nicht allein verstärkt durch den Anteil an Anhänglichkeit und Liebe, welche der Sohn ja auch für den Vater hegt, sondern auch durch den Anteil einer archaischen Angst: Wenn ich den Vater „schlagen“ will, wird er sich nicht dafür blutig rächen und mich dafür schlagen?
Der „Kastrationskomplex“ des Kindes ist eine uralte Ahnung und eine irrationale Angst, daß der „Vater“ – wir beziehen Gott den Vater ein – dies in seinem Zorn jeder Zeit tun kann. Diese Ahnung und diese Angst schimmern selbst in einem so segensreichen biblischen Text wie „Jakobs Kampf am Jabbok“ (Gen. 32) durch alle späteren Schichten noch hindurch oder sind bei dem folgenden Text (Ex. 4,24-26) noch zu spüren:
„Und als Mose unterwegs in der Herberge war, kam ihm der *Herr* entgegen und wollte ihn töten. Da nahm Zippora einen scharfen Stein und beschnitt ihrem Sohn die Vorhaut und berührte damit seine Scham und sprach: Du bist mir wie ein Blutbräutigam. Da ließ er von ihm ab. Sie sagte aber Blutbräutigam um der Beschneidung willen.“
Wir schließen aus diesem Stück der Tradition, daß es in der Geschichte des Glaubens auch eine Ahnung davon

gab und davon gibt, daß Gott in vermummter und in verwechselbarer Gestalt als Teufel erscheint.

Die ödipale Ohnmachtssituation des Kindes wird schließlich dadurch abgelöst und aufgelöst, daß das Kind sich mit den Verhaltensweisen und Vorstellungen des Vaters anzufreunden und sie in sich aufzunehmen sucht: sein Vorbild zur Bildung des sogenannten Ich-Ideals, seine Verbote und Gebote zur Bildung des sogenannten Über-Ichs. Diese Introjektion („Einverleibung") oder Identifikation („Gleichsetzung") mit dem Vater ist ein lebenswichtiger Vorgang: Er vermittelt nicht nur vorgegebene und erprobte Verhaltensmuster und den Schatz der Überlieferungen, sondern verhilft dem Kind auch dazu, seine Identität und seine spätere Rolle als Mann oder als Frau zu finden. Das klingt vermutlich alles etwas einfach. In Wirklichkeit kann sich die Entwicklung der Introjektion — wie jede Entwicklung — einseitig und übertrieben vollziehen. Die Introjekte (die aufgenommenen Inhalte wie die Vorbilder oder die Verbote) können sich als rigoros, stur und unbarmherzig herausstellen, die Introjekte der Lebenden wie die Introjekte von Toten, die etwas Endgültiges an sich haben. Die hohen Ansprüche, schier unausrottbar in den Menschen eingepflanzt, vermögen meistens eine ungeheure Macht zu gewinnen und den Menschen in einen wahren Teufelskreis von Selbstanklagen und Schuldgefühlen, Schuldgefühlen und Selbsterniedrigung zu treiben. Aus dem menschlichen Gewissen wird der Terror eines unmenschlichen „Gesetzes", aus hilfreichen Verhaltensweisen hoffnungslose Verzweiflung, wie sie in dem Vers von Martin Luther zum Ausdruck kommt:

„Dem Teufel ich gefangen lag,
im Tod war ich verloren,
mein Sünd mich quälte Nacht und Tag,
darin ich war geboren.
Ich fiel auch immer tiefer drein,
es war kein Guts am Leben mein,
die Sünd hat mich besessen."

Der Umgang mit Schuldgefühlen wird immer mehr zu einer Schicksalsfrage der Menschheit. Staatsmänner — und nicht nur sie — versuchen offensichtlich immer häufiger, schuldhaftes Vergehen durch ganze Salven von Selbstrechtfertigungen zu verschleiern. Wird das Böse immer böser? Verliert der Mensch an Möglichkeiten, ohne Windung und ohne Winkelzüge gestehen zu können, daß er geirrt hat und schuldig geworden ist? Das Leben ist der Güter höchstes nicht, der Übel größtes aber ist die Schuld — heißt es bei Schiller. Offensichtlich kann das Böse dem Menschen zu einer ungeheuerlichen Bedrohung werden, so daß er es leugnen muß. Im körperlichen Bereich führt „Böses" dazu, daß es dem Menschen „übel" wird — er speit es aus, wenn es ihm schlecht ist. Im psychischen Bereich finden wir eine Analogie dazu, nämlich den Abwehrmechanismus der Projektion. Inhalte, die gefährlich werden, Impulse, die aus dem Inneren kommen, werden nicht mehr wahrgenommen, sondern unbewußt nach außen gebracht und anderen vor-geworfen („projiziert"). Dieser Vorgang, ohne moralisches Vorurteil verstanden, erscheint für die seelische Ökonomie durchaus sinnvoll. Was nach außen gebracht wird, bringt mich innen nicht um. Was innen ist — „Introjekte" zum Beispiel —, kann unaufhörlich gegen den Menschen wüten, wie etwa im Falle der Melancholie. Es ist geradezu ein Merkmal der Depressionen, daß die Aggressionen tief innen sich gegen den Menschen richten und manchmal nicht eher ruhen, bis der Mensch sich selbst gerichtet hat. Nicht ohne Grund hat man im Mittelalter den Teufel auch „den Regierer der tiefen Traurigkeit" geheißen. Insofern erscheint die Projektion keineswegs sinnlos. Was nach außen gebracht wird, bringt mich nicht um. Freilich verlangt die Projektion einen hohen Preis: Was nach außen gebracht wird, kommt vielleicht wieder auf mich zu. Es ist der Preis, in einer böse werdenden, dämonisierten Welt zu leben. Denn das Böse, anderen aufgeladen, steht nun vor mir: in Menschen, die an meinem Unglück schuld sind, die mir meinen Erfolg mißgönnen, die mich sogar heimlich verfolgen. Das Band der Projektion ist breit: Es reicht von der Aufgebrachtheit des kleinen Kindes („Du böser Tisch!") bis zu den paranoischen Wahnvorstellungen von psychisch Kranken. Ein Patient, der in psychiatrischer Behandlung war, hat dem Arzt später gestanden, daß er lange Zeit ein Messer mit sich getragen und lange Zeit mit sich gekämpft hat, ob er dem Therapeuten nicht das linke Auge ausstechen sollte, weil es ihn immer so unbarmherzig angeschaut hat. Aus dem Therapeuten ist ein Teufel geworden, der scheinbar alles durchschaut und ungemein gefährlich ist. In anderen Fällen kann die Wirklichkeit mit Hilfe der Projektion so pervertiert werden, daß nur blutigste Rache noch übrigbleibt und nach fünf brutalen Morden ohne Reue gesagt wird: „Ich bin das, was ihr aus mir macht — so Charles Manson vor Gericht —. Aber was ihr wollt, ist ein Teufel, ein sadistischer Teufel, weil er genau das ist, was ihr seid."

So falsch braucht diese Anklage nicht einmal zu sein. Eine Neigung des Menschen aller Zeiten, die Neigung zum Pharisäismus, hat ebenso mit Projektion zu tun: Mir kann so was nicht passieren, meine Weste ist sauber, ich habe mir nichts „vorzuwerfen". Die Verdrängung des Bösen führt zu einer Täuschung, die nicht zum ersten Mal in der Menschheitsgeschichte die ungeheuerlichsten Folgen nach sich zieht. Untersuchungen über die Hexenverfolgungen und Teufelsaustreibungen (beispielsweise von Cécile Ernst und von Julio Caro Baroja) geben Anlaß zu der Vermutung, daß bei den oftmals grausamen Verhören und Verfolgungen auch die Phantasie und die Projektionsbereitschaft der Verfolger in hohem Maße beteiligt gewesen sind. Unter dem Alibi eines höheren Auftrages haben sich auch sadistische und sexuelle Vorstellungen der Verfolger austoben können. Wenn wir über Hexenwesen und Teufelsaustreibung reden, müssen wir demzufolge auch die Rolle bedenken, welche die Inquisitoren und Exorzisten gespielt haben. Es ist dann nicht immer so einfach zu sagen, auf welcher Seite eigentlich der oder die Teufel sitzen.

Der Abwehrmechanismus der Projektion hat offensichtlich für die psychische Ökonomie aller Beteiligten, der Anhänger wie der Verfolger des Teufels, eine hohe Bedeutung: Mit seiner Hilfe wird ein Haßobjekt gefunden, auf das die bösen Impulse aus dem Inneren gehäuft werden können. Dem bösen Feind wird die Schuld zugeschoben, die eigene Schuld wird entlastet. Durch die Personifikation wird das Böse auf den Bösen zusammengezogen, das Diffuse der Angst wird in die Gestalt eines diabolischen Gegners gebannt.

2.3.3 Der Teufel — das sind die anderen

Der Teufelsglaube ist ein Thema, das sich nicht in Erlebnissen oder Erkrankungen des einzelnen erschöpft. Es reicht vielmehr — wie wir sahen — bis in kultur- und sozialgeschichtliche Tiefen hinab. Auch wenn man das Phänomen „des" Teufels aufgeben wollte, wäre man doch der ganzen Problematik nicht entronnen. Bezeichnenderweise heißt es denn auch in Goethes „Faust":

„Allein die Menschen sind nicht besser dran,
den Bösen sind sie los,
die Bösen sind geblieben."

Daß das tiefgreifende Bedürfnis bleibt, das Böse zu bewältigen, zeigt nicht zuletzt eine Art von säkularisierter Satanologie, die sogenannte „Sündenbockpsychologie". Die Psychodynamik, die darin steckt, haben wir im Abschnitt über die Abwehrmechanismen, vor allem die Projektion, bereits umrissen: Die Unfähigkeit des Menschen, mit seinen Gewissensängsten und Schuldgefühlen umzugehen, und (daraus folgend) der Zwang, sie durch Verdrängung der bewußten Wahrnehmung zu entziehen und schließlich auf andere zu werfen. Anthropologisch gesehen äußert sich mithilfe dieses Mechanismus ein umfassendes Motiv: Anscheinend kann der Mensch seine Schuld und ihre Folgen allein nicht tragen. Sie werden ihm zu schwer. So möchte er sie anderen aufladen, wer immer der andere oder die anderen sind. In diesem umfassenden Motiv ist auch der Ritus begründet, der im Volk Israel am großen Versöhnungstag begangen wurde. Da bürdete der Hohepriester die Verfehlungen Israels auf einen lebenden Bock und schickte den Bock samt den Sünden des Volkes in die Wüste hinaus. So ähnlich geht auch heute noch die Suche nach „Sündenböcken" vor sich, ob in der Familie oder der Gesellschaft, den Parteien oder den Vereinten Nationen. Der Vorzug und das Ziel dieses Vorganges erscheinen als zweckmäßig: Das Böse, das im Menschen bliebe, wird abgenommen, der einzelne wird vor den Augen aller entlastet und ent-schuldigt. Der Sündenbock aber — so die allgemeine Einstellung — kann ruhig in der „Wüste" verkommen. Ihm geschieht es recht. Schließlich ist er ja an allem schuld.

Die Sündenbockpsychologie gewinnt im sozialen Bereich eine unerhörte Bedeutung. Sie schafft sozusagen eine neue Dimension des Bösen. Sie kann das Verhältnis von ganzen Gruppen, Schichten, Völkern vergiften, kann den Bau von Eisernen Vorhängen und Mauern, die Unterhaltung von Konzentrationslagern, den Moloch der Militärmaschinerie in Gang setzen. Der Tiefenpsychologe Erich Neumann hat in seiner Untersuchung „Tiefenpsychologie und Neue Ethik" deutlich machen können, daß das Böse als fremd und das Fremde als böse empfunden wird. Aus diesem Grunde können drei Gruppen von „Sündenböcken" unterschieden werden:

— die Minderheiten eines Volkes, wenn sie und weil sie in bestimmter Hinsicht (national, rassisch, religiös, sozial) als anders und andersartig erlebt werden: die Juden zum Beispiel, die Ketzer, die Neger oder die Sozialisten;
— die „ethisch Minderwertigen" wie Homosexuelle, Kriminelle, Psychopathen und andere mehr;
— die „Großen" (Intellektuelle, Künstler, Staatsmänner

und dergleichen), die vor allem in Krisenzeiten zur Kollektivreinigung herhalten müssen.

Welche Dimensionen die Sündenbockpsychologie annehmen kann, wird uns Deutschen am Beispiel der Hitlerpropaganda für immer eingeprägt sein: Daß der Anblick eines „Kaftanjuden" — so Hitler in „Mein Kampf" — genügt hat, den Gedanken an die Ausmerzung der minderwertigen Rasse keimen zu lassen. Die Verteufelung der Juden und der Versuch der „Endlösung" wären wohl nicht gelungen, hätte es nicht eine lange Vorgeschichte und ein tiefes Vorurteil über „den" oder „die" Juden gegeben. Sie wären auch nicht so weit gediehen, hätte es nicht eine Bereitschaft der Vielen gegeben, aus Menschen Teufel zu machen. Hitler hat offenbar mit sicherem Instinkt auf ein tiefsitzendes Bedürfnis der Vielen zurückgreifen können. „Daß es ihm damit gelungen ist — so Henry Lowenfeld in seiner bereits erwähnten Abhandlung ‚Über den Niedergang des Teufelsglaubens und seine Bedeutung für die Massenpsychologie' —, sich an die Stelle des Überichs des einzelnen in der Masse zu setzen, beruhte darauf, daß er in seinem eigenen wahnhaften Haß das Mittel fand, die kulturell unterdrückten und unbefriedigten Regungen der Massen zu erwecken oder, anders formuliert, den immer im Unbewußten schlummernden Teufelsglauben wieder zu beleben."

Es wäre nach alledem freilich ein Trugschluß, wollte man die Bereitschaft, den Teufelsglauben zu beleben, den Hitlers und Stalins von gestern zuschanzen, „die Unfähigkeit zu trauern" (Alexander und Margarete Mitscherlich) und die Unfähigkeit, Schuld zu übernehmen, nur den Nazi-Deutschen zuschieben. Die Neigung, ein schwererziehbares Kind zum „schwarzen Schaf", einen Alkoholiker oder einen Gastarbeiter am Arbeitsplatz zum Sündenbock zu stempeln, ist uns Heutigen genauso nahe wie die Neigung unseren Vorvätern nahe war, aus kranken Menschen Hexen oder Teufelsanhänger zu machen. Auch in den Abgründen unseres Unbewußten lebt die Angst, die aus dem kleinen Kind Adolf Eichmann einen Kain für Millionen werden ließ. „Ich habe mein ganzes Leben lang Angst gehabt – gestand Eichmann vor seiner Hinrichtung dem Psychiater –, ich wußte aber nicht, wovor. Auch in Zeiten, wo ich völlig frei und selbständig gewesen bin, spürte ich innere Unsicherheit. Ich konnte nirgends hingehen, wo fremde Leute waren. Ich mußte im vornherein wissen, wer dabei sein wird. Meine Hände schwitzten."

Im Anschluß an diesen Abschnitt läßt sich als *dritte These unseres Themas* zusammenfassen:
Der Teufelsglaube ist kein Tabu, das für alle Zeiten dem Forschen und Fragen des Menschen entzogen wäre. Als eine Disziplin, die bis zu einem gewissen Teil das Dunkel des Dämonen- und des Teufelsglaubens aufzulichten vermag, hat sich inzwischen auch die Tiefenpsychologie erwiesen. Mithilfe ihres Instrumentariums (Konzeption der Angst, Klassifizierung der Abwehrmechanismen und anderem) bietet sie eine Interpretationshilfe an, derzufolge der Teufelsglaube in seinen individuellen wie sozialen Dimensionen durch bestimmte psychische und psychosoziale Prozesse begründet wird.

2.4 Erlösung vom Teufel – die Zukunft einer Realität?

Vom „emanzipierten Teufel" zu reden, ist ebenso reizvoll wie riskant. So sagten wir am Anfang dieses Aufsatzes. Sind wir aber jetzt, an seinem Schluß, wenigstens einen Schritt weiter?
Wir tun gut daran, uns noch einmal das Risiko zu vergegenwärtigen, das mit einer Abhandlung zum Thema des Teufelsglaubens verbunden ist. Der Grad der Abstraktion, der sich beim Schreiben und beim Lesen einstellt, die Gefahr der Allmachtsphantasie, ein solches Thema zu den Akten legen zu können, sobald man es (etwa mithilfe der Tiefenpsychologie) entschlüsselt zu haben meint – das alles muß uns nachdenklich stimmen.

Vielleicht können wir uns das eine oder das andere tatsächlich besser erklären. Aber reicht das aus? Heißt das schon, vom Teufelsglauben erlöst zu sein, wenn man manches an ihm erklären kann?

Wir können das Wort nicht hoch genug schätzen. Dem Namenlosen einen Namen zu geben, es der Anonymität und der Apathie zu entreißen, es benennen zu können, das grenzt gewiß an ein Wunder, von dem nicht wenige Therapeuten zu berichten wissen. Trotz allem aber bleibt das Böse. Mehr noch. Es scheint sich in einem unerbittlichen Wiederholungszwang immer wieder zu beleben, so daß wir die Frage Freuds (in: „Zeitgemäßes über Krieg und Tod") nur zu gut begreifen können: „Warum die Völkerindividuen einander eigentlich geringschätzen, hassen, verabscheuen, und zwar auch in Friedenszeiten, und jede Nation die andere, das ist freilich rätselhaft. Ich weiß es nicht zu sagen."

Die Aporie, das Wissen um die Rätselhaftigkeit der Wirklichkeit, entspricht jedenfalls der Realität weit mehr als das Wort aus dem zweiten Teil des „Faust": „Wer immer strebend sich bemüht, den können wir erlösen." Wir halten das für einen frommen Wunsch. Eine Emanzipation, die sich vergangener Teufelsvorstellungen entschlägt, hat deswegen noch lange nicht das Problem des Bösen gelöst: Daß sich in der Wirklichkeit des einzelnen, der Gesellschaft und der globalen Welt Mächte und Gewalten finden, welche sich gegen den Menschen wenden und ihn und seine ganze Menschlichkeit zugrunde richten. Auch eine empirisch orientierte Disziplin wie die Psychoanalyse hat sich schließlich mythologischer Mittel bedient, um den Widersacher des Lebens – den Todestrieb –, dieses unfaßbare Rätsel unserer Realität, zu fassen. Wir wollen die Rätselhaftigkeit unseres Daseins nicht dazu benutzen, eine Art Gottesbeweis oder gar einen Teufelsbeweis zu führen. Es geht uns vielmehr darum, auf die vielschichtigen Dimensionen des Dämonischen hinzuweisen, die sich in privaten und politischen, in individuellen und sozialen Bezirken verwirklichen und sie doch zugleich übersteigen. Um es an zwei Beispielen, an zwei Grundvorgängen des menschlichen Lebens, zu beleuchten:

Das *Sorgen*
Aus angstvoller Sorge um sich selbst entstehen Anpassung und Ausbeutung, Karrieredenken und Konsumzwänge, Machtanhäufung und Mißbrauch der Menschenrechte, entsteht jene „manipulierte Maßlosigkeit" (Christa Meves), die zu maßloser Manipulation von Mitmenschen führt. In jedem von uns steckt ein Kain, der Hand an seinen Bruder legt. „Man fragte Rabbi Abraham Jaakob — so eine Erzählung der Chassidim nach Martin Buber —: ‚Unsere Weisen sagen: Kein Ding, das seinen Ort nicht hätte. Es hat also auch der Mensch seinen Ort. Warum ist dann den Leuten zuweilen so eng?' Er antwortete: ‚Weil jeder den Ort des anderen besetzen will.'"

Das *Leiden*
Leiden macht einsam. Wie Ausgestoßene können sie sich vorkommen: Alte, Behinderte, psychisch Kranke. Die Tendenz, um leidende Menschen eine Tabuzone zu errichten, ist in unserer Gesellschaft keineswegs geschwunden. Obgleich unsere Welt zusammenrückt, Städte und Siedlungen lawinenartig wachsen, nehmen Vereinsamung und Verzweiflung zu. Leiden isoliert. Leiden wird isoliert. „Unsere Zeit ist eine Zeit neuer Schmerzen — so Friedrich Heer —, differenzierter, verborgener, unbekannter Schmerzen. Riesengroß blühen sie in den Feldern der neuentdeckten Wirklichkeit. Dennoch sehen wir sie nicht, wagen wir nicht, sie zu sehen, verdrängen wir sie aus unserem Bewußtsein." Ohnmacht und Orientierungslosigkeit, Vereinzelung und Vereinsamung bilden einen Teufelskreis.

Sehen wir so den Menschen einem persönlichen, einem politischen und — noch umfassender — einem kosmischen Prozeß ausgesetzt, in dem die Macht des Lebens auf die

Macht des Todes trifft, dann fragen wir uns: Welchen Platz, welchen Stellenwert erhält der Teufelsglaube in diesem Prozeß? Welche Perspektiven erschließen sich uns für unsere eigene Einstellung?
Wir sehen vorläufig *zwei Alternativen*, uns zum Thema des Teufelsglaubens zu verhalten:

Der Teufelsglaube ist ein Denkmodell, das uns die äußeren Dimensionen des Dämonischen erkennen läßt.
Im Teufelsglauben äußert sich ein dualistisches, dynamisches Verständnis der Wirklichkeit. Es gründet sich dabei auf zwei Voraussetzungen: Die eine Voraussetzung besteht darin, daß unsere Welt im Grunde personal verfaßt ist. Alle psychischen und psychosozialen Vorgänge vollziehen sich als personale Geschehnisse, vollziehen sich im Gegenüber zu anderen und — greifen wir über die innerweltlichen Bezüge hinaus — im Gegenüber zu einem „ganz Anderen" (Max Horkheimer). Die zweite Voraussetzung ist die, daß die Grundvorgänge des Lebens nach dem Prinzip des Gleichgewichts (der „Homöostase") der Kräfte geschehen, daß sich „das Leben als Balance" (Karl Menninger) begreifen läßt, daß Leben sich als permanenter Prozeß ereignet.
Diese Tendenz des Teufelsglaubens spiegelt auf psychologisch einsehbare Weise die eine Seite der Wirklichkeit. Damit wird er zu einem Ausdruck für den Kampf ums Dasein von geradezu kosmischem Ausmaß.
Erlösung vom Teufel geschieht diesem Teufelsglauben zufolge als Exorzismus, als dramatischer Kampf mit den Dämonen in der Zeit, und als Apokalypse, als dramatischer Kampf mit den Dämonen am Ende der Zeit. Das Böse kann im Grunde nicht bleiben. Es hat keinen Platz im Paradies. Es ist im Grunde der guten Schöpfung Gottes fremd. Deshalb ist es auszutreiben. Der Exorzismus spielt insofern die Rolle einer umfassenden Reinigung, einer Katharsis, von dem, was vom Menschen Besitz ergriffen hat. Stärker noch als die klassische Psychoanalyse rücken neuere Arten der Psychotherapie (wie die Primär-

therapie und andere) in die Nähe des Exorzismus: Unter Anleitung eines sich aktiv beteiligenden Therapeuten sagt sich oder — besser — schreit sich der „Besessene" von den „besitzergreifenden Mächten" los und erlebt erstmalig die Absolution einer ihn annehmenden Gemeinschaft. Wie Joachim Scharfenberg es am Beispiel Blumhardts zeigen konnte, läßt sich auch die Seelsorge weithin als Kampf mit der dämonischen Wirklichkeit verstehen. „Wo die Seelsorge davon ausgeht — sagt Scharfenberg in seiner Untersuchung über „Johann Christoph Blumhardt und die kirchliche Seelsorge heute" —, daß sie es nur mit rein menschlichen Möglichkeiten, mit menschlichem Versagen oder menschlichen Verfehlungen zu tun hat, verschließt sie sich dem letzten Ernst, unter dem sie steht ... Echte Seelsorge lebt von der Erkenntnis, daß der Mensch sich nicht selber helfen kann. Sie weiß sich deshalb von vorneherein an den gewiesen, der gekommen ist, die Werke des Teufels zu zerstören."

Wer die Werke und die Wirklichkeit des Teufels zu erfahren meint, wird seine Gründe dafür haben. Er weiß, daß der Macht des Lebens die Macht des Todes gegenübertritt. Er wird jedoch auch wissen und in Zeiten der Verzweiflung darauf vertrauen können, daß der Macht des Todes die Macht des Lebens entgegentritt. Wo er sich aber — und sei es mit letzter Kraft — für die Macht des Lebens entscheidet, wird ihm niemand das Wort des Lebens entreißen können:

„Fürchte dich nicht.
Denn ich habe dich erlöst.
Ich habe dich bei deinem Namen gerufen.
Du bist mein."

Der Teufelsglaube ist ein Denkmodell, das uns die inneren Dimensionen des Menschen erkennen läßt.

Der Teufelsglaube hat in der Tat mit dem Menschen zu tun. Er entsteht als Teil einer Geschichte, als Antwort auf Angst. Zweifellos zieht der Abwehrmechanismus der Projektion neue Auswirkungen nach sich: Im Sinne einer

„self-fulfilling prophecy“ zeitigt ein böser Gedanke nicht selten tatsächlich auch böse Folgen. Gleichwohl gilt es festzuhalten: Der Sitz der Projektion ist die Psyche des Menschen oder — anders gesagt — aus dem Herzen des Menschen kommen arge Gedanken, kommt der Haß, kommt der Zwang, den Splitter im Auge des anderen zu sehen und für den Balken im eigenen Auge blind zu sein.

Erlösung vom Teufel könnte bereits damit beginnen, den Sitz des Bösen in sich selber wahrzuhaben und es nicht mehr nur auf andere zu werfen. Die Rücknahme der unbewußten Projektionen zugunsten einer unverfälschten Realität setzt indessen eine unerhörte Reife des Menschen voraus, läßt sich bestenfalls als lebenslanger Lernprozeß begreifen, als Lernprozeß einer offenen Kommunikation, in der vorschnelle Verdächtigungen und Vorurteile abzubauen sind, und als Lernprozeß der Solidarität, bei dem der Mensch nichts mehr vom Menschen zu befürchten braucht. Mit der Anerkennung des Anderen, so wie er ist, ist schließlich auch die Anerkennung dessen verbunden, was in einem selbst verdrängt und verfremdet ist: die ungeliebten Aspekte, der „Schatten“ und „der dunkle Bruder in uns“ (C. G. Jung). Nicht von ungefähr wird auch im Raum der Psychotherapie die Heilung als eine „Ich-Integration“ (Wolfgang Loch) verstanden, in deren Verlauf das Ich des Menschen die Kraft gewinnt, verdrängte Anteile sich anzugliedern. In Analogie dazu ist schließlich auch eine Annahme zu begreifen, die von Zeit zu Zeit in der Geschichte des Glaubens auftaucht: Daß der Abschied vom Teufel, daß die Erlösung vom Teufel vielleicht in der Erlösung des Teufels liegt. Denn größer kann man sich den Gott der Liebe nicht denken, an den sich der Glaube wendet:

„Ich bin gewiß,
daß weder Tod noch Leben,
weder Engel noch Fürstentümer noch Gewalten,
weder Gegenwärtiges noch Zukünftiges,

weder Hohes noch Tiefes
noch keine andere Kreatur
kann uns scheiden
von der Liebe Gottes,
die in Christus Jesus ist,
unserem Herrn."

ANHANG

An ausgewählter Literatur ist zu empfehlen:

zum Abschnitt „*Emanzipation vom Teufel*“ die Abhandlung von Sigmund Freud „Die Zukunft einer Illusion“ (Ges. W. XIV, 323–396) als eine der wichtigsten Arbeiten zur tiefenpsychologischen Religionskritik;

zum Abschnitt „*Der Teufelsglaube – eine Tradition im Untergrund*“ vor allem das Buch von Gerhard Zacharias „Satanskult und Schwarze Messe“ (Wiesbaden 1970²), in dem der Autor reiches Material zur Geschichte des Satanskultes gesammelt hat;

zum Abschnitt „*Dämonen- und Teufelsglaube – Deutungen der Tiefenpsychologie*“ aus einem uferlosen Angebot das Taschenbuch von Siegfried Elhardt „Tiefenpsychologie. Eine Einführung“ (Urban-TB 136), das einen gut verständlichen Überblick über Grundbegriffe der Tiefenpsychologie gibt.

Hans-Martin Barth

3. DER STELLENWERT DES TEUFELS IM CHRISTLICHEN GLAUBEN

3.1 Der Teufel als Projektion

Was auch immer vom Teufel zu halten sein mag: Vorstellungen von ihm, Ängste vor ihm und sogar Hoffnungen auf ihn spuken selbst in der von Computern beherrschten Welt des ausgehenden 20. Jahrhunderts umher. Wie läßt es sich erklären, daß der deutsche Wortschatz überhaupt das Wort „Teufel" kennt, daß alle Sprachen über vergleichbare Begriffe oder doch über Namen von Teufeln und Dämonen verfügen, daß die Nennung des Teufels eine Fülle von Assoziationen auszulösen vermag, in wohl stärkerem Maße als die Nennung des Gottesnamens? Der Glaube an Teufel und Dämonen ist offenbar so alt wie die Menschheit selbst.

3.1.1 Brauchen die Menschen den Teufel?

Will man sich vergegenwärtigen, wie es im Lauf der Menschheitsgeschichte zur Herausbildung einer Teufelsvorstellung gekommen ist, muß man zunächst begrifflich unterscheiden: „Älter" als der Teufel sind die Dämonen. Auf der frühesten Stufe ihrer religiösen Entwicklung nahmen die Menschen an, alles, was um sie her war, begegne ihnen mit derselben Lebendigkeit, die sie an sich selbst wahrnahmen, ja mit einer noch gewaltigeren, sie bedrohenden, zuweilen auch fördernden, auf jeden Fall verwirrenden Lebendigkeit. Die von geheimnisvollen Mächten beseelten Bäume und Steine, Quellen und Tiere forderten Verehrung, und erst allmählich begann die Welt des Übermächtigen sich zu zerteilen in gute und böse Gewalten und in zahllose Gottheiten, die nun ihre

Namen erhielten: Noch weit war der Weg bis zum Glauben an *einen* Gott oder gar an *den* Teufel. Der griechische Begriff, von dem unser deutsches Fremdwort „Dämon“ abgeleitet ist, spiegelt denn auch den Dämonenglauben vor seiner Spaltung in Gut und Böse: Er bezeichnet jene unberechenbare Macht, die dem Menschen begegnen kann, um ihn zu warnen oder zu verführen. Sokrates berief sich auf sein Daimonion, auf das Göttliche in ihm, eine innere Stimme, die ihm den richtigen Weg wies. Das Dämonische konnte sich aber auch im Rausch des Dionysoskults offenbaren, es verspielte sich schließlich in Dutzenden von Satyrn, Nymphen und lokalen Geistern der Hilfe und der Bedrohung. Noch für Goethe ist „Daimon“ ein „Urwort orphisch“, das schicksalhaft, jenseits von Gut und Böse, den Menschen festlegt: So mußt du sein, dir kannst du nicht entfliehen...

Adresse menschlicher Ängste und Hoffnungen

Der Glaube an Teufel und Dämonen erwächst offenbar aus demselben Urgrund wie der Glaube an die Götter, ja er gehört ursprünglich untrennbar und kaum unterscheidbar mit ihm zusammen. Nur sofern der Mensch das Böse und das Gute, das ihm widerfuhr und das er anderen widerfahren ließ, nicht mehr auf einen Nenner zu bringen vermochte, trennten sich die Engel von den Dämonen, die guten von den bösen Geistern, um sich im Kampf miteinander wiederzubegegnen. Doch mußte man sich auch mit den bösen Mächten arrangieren; zudem konnten sie einem sogar vermitteln, was die guten Mächte vorenthielten.

Die Punkte, an denen die Grenzen des Irdischen von jeher besonders deutlich werden, sind Geburt und Tod. War derjenige, der einen gezeugt hatte, gestorben, so befand er sich gewiß im Reich der Geister; die Ahnen, die einen ins Leben gebracht hatten, konnten nun in besonderer Weise die Lebenden bedrohen, wehe, wenn ihre Seele unruhig blieb und nicht mit der Leiche selbst das Haus verließ! Noch heute wird in fränkischen Dörfern der Sarg auf der Schwelle des Sterbehauses oder der Leichenhalle dreimal aufgestoßen, damit die Seele wirklich sich löse und verschwinde. Die Dankbarkeit des säkularisierten Menschen, seine sterbenden Angehörigen dem Krankenhaus überlassen zu dürfen, bezieht sich nicht nur auf die bessere ärztliche Versorgung. Auch er schläft nicht gern in einem Zimmer oder gar in einem Bett, in dem der Tod zugeschlagen hat.

Freilich bedroht der Dämon nicht nur, sondern er stellt auch seine Macht zur Verfügung, wenn man nur die Formel kennt und die richtige Manipulation vornimmt: Magische Praktiken der Vorzeit reichen bis in die Gegenwart hinein. Der dämonische Mensch ist nicht unbedingt der böse und gemeine, sondern er ist der, der sich kühn über den Gegensatz von Gut und Böse hinwegsetzt und dadurch in den Besitz dessen gelangt, was er begehrt. Ein geheimer Pakt etwa vermag so etwas zu erklären, beginnend vielleicht in einer harmlosen Manipulation mit Bindfaden und Salbe und gipfelnd in einem förmlichen Sich-Verschreiben an die andere Macht oder in sexueller Hingabe. Dadurch kommt es zu der erhofften Steigerung der eigenen Macht. Auch in unserem Jahrhundert gehen Bäuerinnen über ihren Hof, um „alles zu segnen“, um kranke Tiere und Menschen zu „besprechen“. Der Dämonengläubige der Vorzeit oder der Gegenwart will Machtzuwachs um jeden Preis; freilich: über den Preis wird hinterher verhandelt. Solche Machtgier um jeden Preis kennt auch moderne Adressen: „Die Maschine verdankt ihr Dasein dem gleichen Urtrieb wie das Dämonenbild irgendeines ‚Primitiven‘ ... Die Fabrik ist der moderne Tempel des chthonischen Gottes, der als Maschine abgebildet und unter ihrer Gestalt verehrt wird“ (E. Reisner). Das Motorrad gewinnt die Würde des Idols.

Ist es nicht Machtzuwachs, was der Mensch von seinem Dämon erhofft, so kann er Lebenssteigerung auch auf umgekehrtem Wege erfahren – nicht durch Förderung seiner Aktivität, sondern durch totales Versinken in Passivität. Der Dämon öffnet ihm dann das Tor zum Reich der Träume, in denen der Mensch nicht mehr positiv *etwas* erhofft, sondern gerade den Verlust, die Aufgabe seines Selbst. Der Dämon führt in den Rausch, in die Ek-stase, in jenen Bereich, in dem die Ex-sistenz, die Entfremdetheit und Einsamkeit des Menschen, sich selbst zu überwinden versucht. Der Rausch, den Droge und Alkohol vermitteln, hat für den Berauschten psychisch ähnliche Wirkungen wie der Wahnsinn einer Massenpsychose religiöser oder politischer Art: Das Ich weiß sich integriert, indem es sich verliert.

Brauchen die Menschen also den Teufel? Es ist nicht der Teufel, den sie brauchen. Sie nehmen ihn nur dazu her, eben das zu bekommen, was sie brauchen, nämlich hinausgehoben zu werden über den engen Bezirk ihrer Ohnmacht und Angst. Der Drang und auch die faktische Möglichkeit, diese Grenzen durch Denken und Handeln tatsächlich immer wieder zu überschreiten, ist der gemeinsame Wurzelgrund von Religion und Magie, von Glaube und Aberglaube.

Erklärung des Unerklärlichen

Bei seiner Auseinandersetzung mit der Umwelt gerät der Mensch an Dinge, die er sich nicht erklären kann. Woher kommt die Viehseuche, der die Ernte vernichtende Hagel? Für den mittelalterlichen Menschen lauern die Dämonen in der Luft (vgl. Eph. 6,12) und sehen, wo sie Schaden anrichten können. Wie sind Krankheiten zu erklären, bei denen die Patienten hin- und hergeschüttelt werden und wüste Schreie ausstoßen? Nicht anders als durch dämonische Besessenheit.

Viele solcher Unerklärlichkeiten haben sich aufklären lassen; man weiht die Stadtmauern nicht mehr zur Abwehr von Dämonen, Krankheit und Tod – ebensowenig, wie man hinter dem Sprudeln einer Heilquelle die Tätigkeit eines Engels vermutet (vgl. Joh. 5,4). Eine frühere

Bewußtseinslage aber vermochte durch den Hinweis auf Engel, Dämonen oder Gott Antworten zu finden für scheinbar unbeantwortbare Fragen. Der Teufel bekam eine ähnliche Lückenbüßerfunktion, wie sie – trotz des Protestes einiger Theologen – auch im Blick auf den Gott der Christen weithin nicht vermieden werden konnte.

Der säkularisierte Mensch fühlt sich solchen primitiven Erklärungsversuchen überlegen. Er kennt die Gesetze, nach denen die Welt funktioniert; sollten Probleme auftauchen, die ihm unerklärlich erscheinen, so wartet er den Gang der Forschung ab, ohne einen Gott oder Dämon bemühen zu müssen. Dem „geschärften Blick für die rationale Wirklichkeit entspricht jedoch auf der anderen Seite ein nur noch sehr unzulängliches Organ für die sogenannten Imponderabilien", kommentiert Erwin Reisner diesen Sachverhalt. Während der Mensch einer frühen religiösen Stufe „mit einer Unzahl lebendiger, aber unberechenbarer Dämonen" zu tun hatte, findet sich der moderne Zeitgenosse einer „zwar berechenbaren, aber leblosen Maschine" gegenüber. Freilich beginnen die Dinge heute schon umzuschlagen: Je mehr die Maschine nach dem Menschen greift, desto stärker sieht er sich offenbar auf die „Imponderabilien" zurückverwiesen, die ihn vor der restlosen Vereinnahmung durch die Maschine bewahren. Phänomene, über die er sich längst erhaben glaubte, werden ihm wieder interessant, die Welt des Okkulten zeigt ihm einen Ausweg aus dem Reich von Ampeln und Asphalt; Entwicklungshelfer, ausgesandt, technisches Know how und zivilisatorischen Fortschritt zu etablieren, sinken ein in den Dunstkreis spiritistischer Versammlungen und in die Geheimniswelt von Voodoo und Umbanda. Parapsychologische Phänomene wie Hellsehen, Telekinese und Telepathie gewinnen Aufmerksamkeit, fordern eine Erklärung: Die jenseitigen Geister sind eingeladen.

Erscheint die Pforte zum Bereich der Parapsychologie dem durch seine Maschinen bedrängten Zeitgenossen zu schmal, so kann er einen breiten Fluchtweg in anderer

Richtung entdecken: In seinen „Science fiction"-Visionen erhofft er den Retter vom anderen Stern – warum sollten nicht auch die Anfänge seiner eigenen Kultur einst durch derartige Übermenschen begründet sein? Dämon und Roboter verbinden sich, und wie in der alten Angelologie und Dämonologie müssen nun die guten über die bösen Roboter, über *den* bösen Roboter, der die Welt zugrunde gerichtet hat, siegen.

Benennung des Bösen

Der Teufel ist freilich nicht nur Adresse von Ängsten und Hoffnungen, dient nicht nur zur Erklärung des Unerklärlichen und zur Befreiung aus dem Unvermeidlichen, sondern erhält – im Zusammenhang mit alledem – eine weitere Funktion, nämlich die des Sündenbocks. Indem ich für das Böse, das ich um mich her und in mir selbst sehe, einen Namen zur Verfügung habe, stehe ich ihm nicht mehr hilflos gegenüber. Indem ich weiß, wie es „heißt", kann ich mich ihm widersetzen, kann ich es angreifen. Das Böse ist nicht mehr diffus und allgegenwärtig, sondern es verdichtet sich zu einer zwar furchterregenden, grauenhaften Gestalt, die aber gerade darin ihre Grenzen hat. Wohl schreit das Kind auf, wenn Teufel oder Krokodil auf der Bühne des Kasperltheaters erscheint, doch befindet sich das Böse eben dort auf der Bühne, und nicht bei mir, dem Zuschauer, so sehr es mich auch von dorther bedrohen mag.

Das hat seine Folgen auch im Blick auf das Böse, das ich in mir selbst antreffe. Indem ich den Namen des Teufels kenne, kann ich mich vom Bösen distanzieren, selbst von dem Bösen, das in mir ist. Die Gewißheit: „Du bist nicht der Satan selbst!" (vgl. oben S. 26) wirkt entlastend, befreiend. Sie stellt nicht etwa nur ein rationales Argument bereit, mit Hilfe dessen ich mich billig aus der Affäre ziehen könnte (vgl. „das Weib, das *du* mir zugesellt hast", 1. Mose 3,12). Die Benennung des Bösen durch den Hinweis auf den „Teufel" verdeutlicht mir ja nicht nur, daß ich „nicht anders kann", sondern auch, daß ich sehr wohl über andere Möglichkeiten verfügen müßte, weil ich nicht mit dem Teufel identisch bin!

Diese an sich schon ambivalente Angelegenheit – in meiner Selbstdistanzierung vom Teufel könnte ja das Teufliche in Potenz liegen – wird nun freilich noch um einen Grad problematischer, sofern sie mir die Möglichkeit einräumt, den Teufel dort zu unterstellen, wo er sich nicht befindet. Der Teufel erhält eine soziale Funktion: Ich bin nicht der Teufel, aber du bist der Teufel! Ich distanziere mich vom Teufel, aber ich muß dich verteufeln; um der Wahrheit willen muß ich darauf bestehen, daß du der Teufel bist. Die traditionelle Rede vom Teufel würde freilich den Nächsten gerade davor schützen, daß ich ihn verteufele, denn auch er ist „nicht der Teufel selbst".

Der Zeitgenosse, dem der mythologische Teufel nicht mehr als Alibi zur Verfügung steht, hat sich auf seine Weise geholfen: Die Entlastung meint er, in Verhaltensforschung und Abstammungslehre zu finden, ohne zu bemerken, daß er damit den geschichtlichen Boden und den Lebenskontext, der ihn nährt, endgültig dämonisiert: Nun gibt es kein Entrinnen mehr. Sucht er aber dennoch, sich gegenüber seiner Geschichte und seiner Umwelt abzuheben, so bleibt ihm immerhin auch ohne Teufel noch die Möglichkeit des Verteufelns: Die andern – das ist die Hölle.

Brauchen die Menschen den Teufel? Offenbar ist ihnen die Vorstellung des Teufels – in mythologischem oder säkularisiertem Gewand – hilfreich bei ihrem Umgang mit dem Bösen. Trotz aller Mißverständlichkeit: Es dürfte dem Menschen schlecht bekommen, wenn er keine Bilder für das Böse mehr gelten ließe, sondern nur noch den bösen Nächsten kennte.

3.1.2 Brauchen die Christen den Teufel?

Die Dämonen der Antike sind tot, diejenigen primitiver Religionen uns nur vom Hörensagen bekannt: Der moderne Zeitgenosse unserer Breiten hat Teufel und Dämonen wesentlich durch die Vermittlung des Christentums kennengelernt. Wenn er das Christentum ablehnt, wird er dafür seine Gründe haben: Lehnt er es ab, weil es ihm unerträgliche Teufels- und Dämonenvorstellungen zumutet? Oder dürstet er nach anderen Religionen, weil es ihm, in seiner heutigen Interpretation, den Teufel vorenthält? Muß er sich religionslosen Ideologien verschreiben, weil ihm der Glaube bei der Bewältigung des Dämonischen nichts austrägt? Oder sollten gerade die Christen auf den Teufel nunmehr verzichten können, obwohl sie doch früher von ihm redeten und obwohl offenbar alle Welt ihn braucht?

Die Bibel zum Thema Teufel

Der Teufel hat in der Bibel keinen so eindeutigen und zentralen Platz, wie man das bei oberflächlicher Kenntnis der Sachlage meinen könnte. Von großer Wichtigkeit ist es, sich zu vergegenwärtigen, daß die ältesten Schichten des Alten Testaments ihn überhaupt nicht kennen. In der Sündenfallsgeschichte, wo man ihn zuerst vermuten möchte, kommt er nicht vor; erst die rabbinische Auslegung hat, Jahrhunderte nach der Niederschrift der Geschichte selbst, die Schlange des Paradieses mit dem Teufel identifiziert. Es gehört gerade zur Großartigkeit der Erzählung vom Sündenfall, daß sie die Frage nach dem Woher des Bösen bewußt offen läßt, daß sie der Versuchung widersteht, eine klare Antwort zu geben, die damit den Eindruck erwecken würde, wir könnten das Geheimnis des Bösen durchschauen. Die Erzählung beläßt den „Gegenspieler der Menschen in einem schwer definierbaren Incognito und unenträtselt“ (G. von Rad). Auch die Dämonen führen in den frühen Schichten des

Alten Testaments nur ein Randdasein: Das Dämonische, Böse wird so stark in Jahwe hineinverlegt, daß selbständige Dämonen daneben keinen Raum mehr haben. „Ist etwa ein Unglück in der Stadt, das der Herr nicht tut?“, fragt Amos (3,6), und Deuterojesaja läßt Gott von sich sagen, daß er das Licht schaffe und die Finsternis, den Frieden und das Unheil (45,7). Das Wort „Satan“ taucht im Alten Testament weit öfter in seiner allgemeinen Bedeutung auf („Opponent“) denn als Eigenname für den Teufel. Aber auch, wo es den Teufel bezeichnet (z. B. Hiob 1, Sach. 3,1 ff), ist dieser streng als von Gott abhängig gedacht, ein Bediensteter am Hofstaat Jahwes, der seine Existenzberechtigung einzig seinem Auftrag verdankt. Entsprechend verhält es sich, wenn einen Menschen ein „böser Geist“ befällt – Jahwe hat ihn gesandt (z. B. 1. Sam. 15,14; vgl. 2. Sam. 24,1 mit der sehr viel späteren Version 1. Chron. 21,1).

Erst im nachbiblischen Judentum, besonders in der Frömmigkeit, die uns die Schriften von Qumran repräsentieren, dringt dualistisches Denken nach Israel ein, offenbar aus dem iranisch-parsistischen Bereich, wo es sich schon zuvor in extremer Weise ausgebildet hatte: Unversöhnlich standen dort, zwillingshaft aneinander gebunden, das Gute und das Böse, das Konstruktive und das Destruktive als ewige Prinzipien einander gegenüber.

Um so mehr überrascht die Selbstverständlichkeit, mit der das Neue Testament von den Dämonen und vom Teufel redet, freilich viel differenzierter, als es die Übersetzung Luthers erkennen läßt, der, auch wo von Dämonen die Rede war, mit „Teufel“ übersetzte und so stark zur Vereinheitlichung unserer Teufelsvorstellung beigetragen hat. Offenbar rechnet es mit einem „obersten Teufel“ (Mk. 3,22), dem „Fürsten“ und „Gott dieser Welt“ (Joh. 12,31, 2. Kor. 4,4), dem die Scharen der Dämonen untertan sind. Nirgends aber liegt den Schreibern des Neuen Testaments an einer Präzisierung der Verhältnisse im Reich des Teufels, an klaren Differenzierungen oder gar an einer satanischen Hierarchie. Die damals im Judentum verbreitete Dämonologie hat Eingang in das Neue Testament gefunden, weil sie geeignet schien, die im Widerstand gegen Gott befindliche Welt zu charakterisieren, vor allem aber den Widerstand zu benennen, der sich dem Heilswerk Gottes in Jesus Christus entgegensetzte (Mk. 1,12) und der zum endgültigen Scheitern verurteilt (Offenb. 12,7 ff), ja bereits gescheitert war (z. B. Joh. 16,11). Es fällt auf, daß Paulus die Sündenwirklichkeit, in der der Mensch ohne Christus sich befindet und aus der zu befreien Christus gekommen ist, nahezu ohne den Rückgriff auf die Gestalt eines Satans schildern kann. Auch er erwähnt ihn gelegentlich (z. B. 2. Kor. 11,14), aber was er über ihn zu sagen hätte, bringt er stärker und eindrucksvoller zum Ausdruck in seiner Rede vom Zorn Gottes, von Sünde und Gesetz, vom Tod (z. B. Röm. 5-8).

Brauchen die Christen also den Teufel nicht, um ihre Botschaft von Jesus Christus sachgerecht zu formulieren? Stimmt das System auch dann noch, wenn nicht am Anfang der Engelssturz steht und am Ende das Versinken des Satans im feurigen Pfuhl? Der konservative Bibelleser wird einwenden: Zur Debatte steht nicht, ob wir den Teufel brauchen, sondern ob er da ist und uns bedroht. Aber es ist nicht zu verkennen, daß die Dämonologie in der Geschichte des Christentums ein gewisses Eigengefälle erhalten hat. Sie hörte rasch auf, nur „der negative Reflex der biblischen Christologie und Soteriologie" (K. Barth) zu sein. Zwei Grundtypen von Satanologie prägten sich aus: Entweder verstand man den Teufel als „den" Bösen oder man faßte ihn als eine Umschreibung für „das" Böse auf.

„Der" Böse – die manichäische Linie

Von der Art her, wie die neutestamentlichen Schriften über den Teufel und die Dämonen redeten, konnte es sich nahelegen, den Teufel als „den" Bösen zu begreifen, als eine für sich existierende, personhafte, mit Intelligenz und Willen ausgestattete Macht. In diesem Falle mußte man nach seinem Ursprung fragen: Wie war der Teufel eigentlich zur Existenz gekommen? Unter Rückgriff auf verkehrt interpretierte Bibelstellen gewann man die Überzeugung, vor dem Sündenfall habe sich bereits ein Sturz von Engeln ereignet (vgl. S. 66f., 141). Ursprünglich war der Teufel ein Engel, ein hervorragendes Geschöpf Gottes, das freilich durch eigene Schuld „schlecht geworden" ist: So lehrt es das IV. Lateran-Konzil 1215. Das entscheidende Verhängnis hat sich also „im Himmel" ereignet.

Aber schon die Schriften der altchristlichen Apologeten sind voll von Hinweisen auf die Gefährlichkeit des Satans, ja von einigen Irrlehrern wurde er sogar zu einer Art Gegengott aufgebaut: Die dualistischen Vorstellungen des im parsistischen Raum beheimateten Manichäismus haben die Alte Kirche als Versuchung begleitet und auf dem Weg über den Ex-Manichäer Augustin in gewisser Weise auch Eingang in sie gefunden. Martin Luther stand wohl mit seinem überstarken Teufelsbewußtsein manchmal hart am Rande dieser manichäischen Linie: Der altböse Feind – groß Macht und viel List sein grausam Rüstung ist; er mordet und wütet mit den brutalsten Methoden, läßt die Elbe über die Ufer treten und würde es gerne verbieten, daß die Kuh einen Schwanz trägt; er bringt die Eheleute miteinander in Streit und die Völker miteinander in Krieg, er lügt nach feinstem psychologischem Raffinement, er ist der Tausendkünstler, der den Menschen in Selbstbewußtsein und Leistungsstolz verblendet und ihn dann doch wieder den tiefsten Verzweiflungen aussetzt, so daß dieser sich am liebsten das Leben nähme. Doch sind derlei Aussagen Luthers gehalten und gefordert durch all das, was er über das Werk Christi zu unserer Erlösung aus der Hölle Rachen zu verkünden hat. Die Legende von Luthers Wurf nach dem Teufel mit dem Tintenfaß gibt freilich zu erkennen, daß seine Rede vom Teufel nicht immer in ihrem christologischen Kontext verstanden wurde: Es blieb nicht unverrückbar klar, daß Luther andere Waffen als das Tintenfaß dem Teufel gegenüber für angemessen hielt. Der Teufel drohte sich zu verselbständigen zu jenem furchterregenden Gegenwesen, das ein Pietist anfahren konnte: „Du elender Sauteufel!" Heute wissen wir, daß es für eine extrem dualistische Weltsicht auch psychische Dispositionen geben kann, die möglicherweise mit Schilddrüsenerkrankungen in Zusammenhang stehen; der Teufelsglaube auch der Christen hat zweifellos nicht nur biblische Wurzeln.

„Das" Böse — die neuplatonisch-gnostische Linie

Mögen bei der Vorstellung des personhaften, „leibhaftigen" Teufels psychische, ja psychosomatische Momente eine Rolle spielen, so sind es bei der Vorstellung des Bösen als eines Neutrums rationale Elemente. „Das" Böse läßt sich philosophisch und theologisch sehr viel einfacher mit der Gottheit Gottes in Verbindung sehen als die konkrete Gestalt eines Gegengottes. Die Gnosis, eine Weltanschauung, die sich die Gottheit denkt als dynamisches Gefüge einer Fülle verschiedener göttlicher Krafteinheiten, vermochte das Böse noch als den äußersten Rand des Guten zu begreifen: Diejenige Zone, in der das Sein und das Gute sich zum Nichts verdünnt hat, ist das Reich des Bösen, wobei freilich vielerlei Zwischenstufen zwischen Gut und Böse, zwischen Sein und Nichtsein angenommen werden müssen. So fremd uns diese komplizierte Weltsicht auf den ersten Blick erscheinen mag: Sie bietet der Vernunft, die der Differenz zwischen einem Radikal-Bösen und einem Radikal-Guten nicht ansichtig zu werden vermag oder doch davor zurückschreckt, ein hilfreiches Denkschema, bei dem auch der Mensch als Zwischenwesen nicht so schlecht wegkommt wie beispielsweise in der augustinisch-lutherischen Erbsündenlehre. Zudem ermöglicht sie, den Gegensatz zwischen Gut und Böse in Gott selbst hineinzuverlegen und „vernünftig" über das Böse zu reden. Das galt im Blick auf die vom platonischen Denken bestimmte Vernunft, gilt aber — nun unter anderen Vorzeichen — auch für die Vernünftigkeit des nachaufklärerischen Menschen: Über „das“ Böse kann er reden, „der“ Böse ist ihm eine lächerliche Figur, „das Dämonische“ gilt ihm als interessanter Gesprächsstoff, die Dämonen als Aberglaube.

Nun gibt es durchaus Möglichkeiten, beide Perspektiven, „das“ Böse und „den“ Bösen, zu verbinden: Der Teufel ist dann Exponent, Veranschaulichung des Bösen, das ja wirklich manchmal aussieht, als stecke ein abgefeimter teuflischer Plan dahinter. Schleiermacher, der die üblichen Teufelsvorstellungen der christlichen Tradition für völlig unzumutbar hält, möchte doch im christlichen Liederschatz den Teufel nicht missen; denn „in der Poesie“ sei die Personifikation durchaus am Platze. Karl Barth, der große Gegner Schleiermachers, der gewiß kein Interesse daran hat, die Rede vom Bösen „vernünftiger“ zu gestalten als die bisherige theologische Tradition, scheint — freilich entgegen seinen Absichten — der neuplatonischen, über die Gnosis bis in die Gegenwart gelangten Sicht nicht völlig entronnen zu sein, wenn er seine Überlegungen zu Teufel und Dämonen unter das Stichwort „Das Nichtige“ stellt. Allerdings ist ihm „das Nichtige“ nicht Nichts, sondern es ist „in jener ihm eigenen dritten Weise ... nicht wie Gott und nicht wie das Geschöpf, aber von Gott selbst ernst genommen — wirklich.“ Die dabei auftauchenden Probleme der Barthschen Ontologie mögen hier beiseitebleiben (und einmal im Zusammenhang mit seiner Gotteslehre untersucht werden): Der Unterschied zwischen den Dämonen und dem „Nichtigen“ droht zu verschwinden — trotz Barths Auskunft: „Sie sind das Nichtige in seiner Dynamik: sofern es Gestalt, Macht und Tendenz hat, in Bewegung und Aktivität ist.“

„Der" oder „das" Böse?

Ob sich der Mensch den Teufel als personales Gegenüber vorgestellt hat oder als Mangel an Gutem und Sein, hing weitgehend von seiner religiösen Bewußtseinsstufe ab und von der geistesgeschichtlichen Tradition, die ihn umgab, womöglich noch von individuellen Faktoren. Auch in bestimmten Phasen kindlicher Entwicklung wird die unbelebte Welt personifiziert; das Kind redet das Spielzeug, das nicht funktionieren will, personal an: Du dummes Auto! Sollte es sich — frei nach Freud — hier als notwendig erweisen, daß „es" wird, was „du" war? Kommen wir dem Bösen nur dadurch bei, daß wir es entpersonalisieren? Man muß sich in der Frage: „der oder das Böse?" wohl nicht auf eine Seite schlagen. Daß die christliche Tradition vom Bösen existenzbezogen-personal und übergreifend-sachlich redet, hat guten Sinn; beide Aussageweisen ergänzen sich, indem sie sich fortwährend gegenseitig in Frage stellen. Offenbar werden wir der ganzen Tiefe und Unheimlichkeit des Bösen nicht gerecht, wenn wir es allein als „das Böse", als eine Sache bezeichnen. Indem wir es personal verstehen, kommt uns seine Unableitbarkeit und Rätselhaftigkeit in den Blick, derer wir nicht durch Aufklärung und „das Gute" allein Herr werden. Daß das Böse auf mich bezogen ist, mit mir zu tun hat, auf mich zielt, mache ich mir klar, indem ich „den" Bösen denke. Zugleich darf „der" Böse nicht gedacht werden ohne „das" Böse: Sonst könnte es dem Bösen gelingen, sich hinter seinem eigenen Bild zu verstecken, sonst lodern Scheiterhaufen auf und in den Flammen, in denen „der" Böse beseitigt werden soll, triumphiert „das" Böse mit gräßlicher Fratze.

3.1.3 Entmythologisierung des Teufels oder Remythologisierung des Bösen?

Rationale Entmythologisierung

Ob man das Böse als den Bösen zu bezeichnen vermag, hängt mit dem Entmythologisierungsproblem zusammen: Gehört die Teufelsvorstellung in den Bereich jenes mythologischen Denkens am Anfang der Menschheitsentwicklung, da der Mensch eben nur durch Bilder und Projektionen sich selbst und seine Umwelt bewältigen konnte? Gehört sie auf dieselbe Stufe wie der Glaube an Engel und Götter, so daß sie mit all diesem mythologischen Kram zusammen nun getrost dem Archiv menschlicher Kulturgeschichte überlassen werden kann? Bereits Luther hat das Heraufkommen einer neuen Zeit geahnt, in der man weder vom Teufel noch von Gott etwas halten werde. Die Renaissance-Päpste, so erzählte man sich, machten sich über den Teufel lustig, und ein lutherischer Apologet des 17. Jahrhunderts legte dem Atheisten seiner Zeit den Reim in der Mund:

> Was Gott? Was Teufel? Höll? Was Auferstehn und Leben?
> Was Jüngst' Gericht? Mein Herz muß nicht vor solchem beben.
> Mein Interesse nur die wahre Regel ist,
> der ich zu folgen hab. So spricht der Atheist.

Glaube und Aberglaube wurden mit derselben Hand über Bord geworfen, und David Fr. Strauß bemerkte vor mehr als einem Jahrhundert, Gott und Teufel seien nun in dieselbe metaphysische Wohnungsnot geraten.

Die rationale Ablehnung des Teufels mußte freilich auch in der Aufklärung nicht immer mit Unglauben gepaart sein. Der erste Autor, der dem Teufelsglauben seiner Zeit einen empfindlichen Stoß zu versetzen vermochte, war der reformierte Pfarrer Balthasar Bekker, der in seinem Buch „Die verzauberte Welt" der Welt den Zauber des Dämonischen nehmen wollte. Er beruft sich auf das „Licht, das ich mit andern Menschen von der Natur habe", und auf die Heilige Schrift. Er bemerkt, daß Zauberei und alles, was damit zusammengehört, davon abhängt, ob jemand daran glaubt. Er fordert seine Leser auf, eben nicht mehr an sie zu glauben — so werde sie „nicht mehr sein!" Um zu begreifen, was es mit der Seligkeit auf sich hat, können wir nach Bekkers Meinung gut „den ganzen Teufel" entbehren. Seit Johann Salomo Semler ist es üblich geworden, die Besessenheit, von der das Neue Testament an verschiedenen Stellen berichtet, als Krankheit zu deuten; im Jahr 1778 erschien sogar eine theologische Abhandlung über die „Non-Existenz des Teufels". Die Kämpfer gegen die Hexenprozesse waren nicht nur kirchenferne Aufklärer, sondern zum Teil fromme Leute, der Jesuit Friedrich von Spee und der lutherische Pfarrer Johann Meyfarth, der Dichter des Liedes „Jerusalem, du hochgebaute Stadt", in erster Linie freilich Professor Christian Thomasius, einer der Hauptträger der deutschen Aufklärung, die sich aber bekanntlich gerade nicht in Unkirchlichkeit gefiel. Freilich hatten alle diese Männer einen schweren Stand, und die Pfarrer verteufelten sich, je nach dem, ob sie an den Teufel der herkömmlichen Dogmatik glaubten oder nicht, gegenseitig als „Adämonisten" oder — im umgekehrten Fall — „Dämoniaker". Noch Rudolf Bultmann provozierte den Protest der Gemeinden mit seiner Feststellung: „Man kann nicht elektrisches Licht und Radioapparat benutzen, in Krankheitsfällen moderne medizinische und klinische Mittel in Anspruch nehmen und gleichzeitig an die Geister- und Wunderwelt des Neuen Testaments glauben." „Erledigt" ist für ihn zusammen mit allen anderen mythologischen Vorstellungen „der Geister- und Dämonenglaube"; die „Blumhardtschen Geschichten" sind ihm „ein Greuel". Bultmann ging es freilich bei seiner rationalen Kritik der alten Dämonologie gerade um die Freilegung dessen, was der Glaube an Jesus Christus in unserer Welt, die mit den im Neuen Testament beschriebenen Dämonenaustreibungen jedenfalls Schwierigkeiten hat, bedeuten könnte.

Auch die rationale Entmythologisierung kann also sehr wohl durch den Glauben motiviert sein. Aber neben ihr gibt es noch andere Kriterien, die sozusagen aus dem Binnenbereich der Theologie stammen und nicht die Vermittlung unter veränderten weltanschaulichen Voraussetzungen im Blick haben. Eine solche Entmythologisierung des Teufels hat beispielsweise Martin Luther versucht, indem er die theologischen Aussagen seiner Zeit zum Thema Teufel auf jene reduzierte, die sich durch biblische Begründung decken ließen. Von hier aus nimmt er Stellung gegen die gerade zu Beginn des 16. Jahrhunderts üppig wuchernden Vorstellungen sexueller Verbindung mit Dämonen und gegen die Angst vor den unruhigen Seelen der Verstorbenen. Auch die klassische Rolle des Verführers zu irgendwelchen unmoralischen Handlungen hat der Teufel für Luther nur am Rande. Statt dessen gilt ihm der Satan wesentlich als der, der einen vor die Frage stellt, ob man wohl selig werden wird, als derjenige, der Christus falsch „definiert" und einen damit in Verzweiflung stürzt. In der Allianz mit dem Gesetz und dem Zorn Gottes wird der Teufel weit gefährlicher als der mittelalterliche Versucher, wie ihn die Steinfiguren an manchen Domen, etwa am Straßburger Münster, präsentieren.

Doch Luther entmythologisierte wohl nicht konsequent genug. Er kritisierte nicht entschieden auch das Material an dämonologischen Vorstellungen, das die Bibel selbst aufwies, von seinem theologischen Ansatz aus — so wenig ihn dies daran hinderte, den theologischen Ort des Teufels klar zu bestimmen. Karl Barth war hier konsequenter: Das Nichtige, sagt er, „ist das von Gott Verneinte", und es existiert „überhaupt nur in seiner Beziehung zur Erlösung." „Was Jesus Christus ans Kreuz gebracht hat und was er am Kreuz besiegt hat, *das* ist das wirklich Nichtige." Erst von hier aus kann es als solches erkannt werden, keineswegs etwa am innerweltlichen Gegensatz von Positivem und Negativem. Das heißt aber dann: „Gerade ein *kurzer, scharfer* Blick" auf die Dämonen ist „für sie nicht nur genügend, sondern auch das einzig Richtige." Und daraus ergibt sich denn, daß man die Dämonen zwar nicht ignorieren darf, ihnen aber im Glauben an Gott den radikalsten Unglauben entgegensetzen muß. „Glauben an Gott und seine Engel heißt im Blick auf den Teufel und die Dämonen: *Entmythologisierung.*"

Remythologisierung?

Die rationale Entmythologisierung des Teufels erweist sich als kompliziertes Unterfangen, denn in der Beseitigung des Mythos kann sich der oder das Böse genauso verbergen wie im Festhalten am Mythos: Der „Teufel" triumphiert in Zeiten, in denen man ihn gleichsam bei den Hörnern zu packen versucht, nicht weniger als in Perioden, in denen er endgültig ausgespielt zu haben scheint. Das Blut an den Guillotinen der Französischen Revolution dokumentiert seine Macht nicht weniger als der Rauch der mittelalterlichen Scheiterhaufen. Man kommt dem Teufel offenbar nicht dadurch bei, daß man seine Existenz behauptet oder bestreitet. Hier muß ein anderer Ansatz gefunden werden.

Zudem ist auf eine allzu sichere Bestreitung des Teufels und seiner Dämonen bisher immer wieder ein Rückschlag gefolgt. Am Ende der Aufklärungsperiode entwirft der grübelnde Arzt und Volkswirtschaftler Heinrich Jung-Stilling eine „Theorie der Geisterkunde", und Jean Bapt. Marie Vianney, der „heilige Pfarrer von Ars", glaubt sich 35 Jahre lang von Spukphänomenen gequält. In unserer Zeit, die nicht nur Teufels- und Dämonenspuk, sondern auch den Gottesglauben für längst erledigt gehalten hatte, breitet sich eine Satanswelle aus, die in den USA jedenfalls für kurze Zeit Millionen von Menschen berührt. Ein in der Religionsgeschichte seltenes Phänomen tritt in Erscheinung: die Rückkehr zu einer ver-

gleichsweise primitiven Stufe, nämlich der des Mana- und Tabuglaubens. Der tote Gott des Monotheismus löst sich in seine verschiedenen Elemente auf, Dämonen und Gespenster aller Art erstehen aus seinem Leichnam.
Rationale und theologische Entmythologisierung stehen damit vor einer Aufgabe, die sie nur gemeinsam erfüllen können: *Aufklärung* hat den Glauben davor zu schützen, daß er sich in den Fängen seiner psychologischen Voraussetzungen verstrickt, und *Erleuchtung* hat die Vernunft davor zu bewahren, daß sie ganze Zonen der Wirklichkeit ignoriert. Schon im Kampf gegen den antiken Aberglauben und Polytheismus hatte die Kirche den Bund mit der — damaligen — Aufklärung nicht gescheut. Es wäre an der Zeit, daß im Kampf gegen den und das Böse Aufklärung und Erleuchtung einander wieder fänden.

3.1.4 Ob es den Teufel gibt oder nicht

Wirklichkeit

Entmythologisierung des Teufels darf nicht den Nachweis zum Ziel haben, daß „es den Teufel nicht gibt." Sie muß sich um den Aufweis dessen bemühen, in welcher Weise „es" ihn „gibt" und in welcher Weise nicht. Bevor man hier jedoch in einen Streit eintritt, ist es geboten, sich darüber zu verständigen, was man mit dem Wort „Wirklichkeit" meint.
Die abendländische Geistesgeschichte hat bis jetzt im Prinzip zwei Wege eingeschlagen, das „Wirkliche" zu bestimmen: Entweder verstand man die vorfindliche Welt eingebettet in ein Reich des Seins, von dem her sie ihre Begründung erfuhr. In diesem Fall erschien sie als ein abgeleitetes Wirkliches; das höchste Sein kam ihrem Schöpfer und Begründer zu, nämlich Gott. Der Teufel konnte unter dieser Perspektive auf der negativen wie auf der positiven Seite der solchermaßen abgeleiteten vorfindlichen Welt angesiedelt werden; er bedrohte sie

entweder dadurch, daß er sie in sein eigenes Nichtsein hineinzuziehen versuchte, oder aber dadurch, daß er, als einer, dem selbst schon höhere Wirklichkeit als der vorfindlichen Welt (freilich weniger als ihrem Begründer) zukam, dem Menschen und seiner Welt die Lebensader zum Grund ihres Seins abschnitt. Unter dieser Voraussetzung konnte man dann sagen, die „Wirklichkeit“ des Teufels sei eben gerade deshalb nur schwer vorstellbar, „weil er an sich selbst realer ist als die Welt, die wir für die einzig reale halten und die wahrzunehmen unsere verkümmerten Organe allein fähig sind“ (E. Reisner). Der andere Weg, dessen Beginn die „cartesianische Wende“ markiert, gestattet es sich nicht mehr, bei einer vorformulierten Metaphysik oder einem ebensolchen Glauben einzusetzen. Er hebt an bei dem erkennenden Subjekt und fragt von hier aus, was denn als Wirklichkeit gelten darf. Es ist der Weg, den die Aufklärung geführt worden ist und der vorerst in Empirismus und Positivismus mündete, aber darin nicht sein Endstadium finden muß. Die Entwicklung der modernen Naturwissenschaften wie auch das unter ihrem Eindruck stehende philosophische Denken und vorphilosophische Empfinden scheint keine Möglichkeit offenzulassen, diesen Weg zu ignorieren, zumal, wenn man sich mit einem Zeitgenossen über den Teufel verständigen will. Die Frage nach der „Existenz“ des Teufels stellt sich dann freilich völlig neu. Auch so betrachtet, muß die Wirklichkeit auf die verschiedenen Weisen hin, in denen sie sich uns präsentiert, untersucht werden. Die schnoddrige Bemerkung des zu seiner Zeit berühmten Berliner Pathologen Rudolf Virchow, er könne an die Existenz einer Seele nicht glauben, weil er beim Operieren eine solche nie gefunden habe, erscheint uns heute als banal, wenngleich auch in unserem Jahrhundert noch sowjetische Astronauten angeblich Gott im Weltall gesucht haben. Zur Illustration des differenzierten Begegnens, das wir der uns umgebenden Wirklichkeit schuldig sind, wenn wir sie nicht verkürzen wollen, seien drei Beispiele genannt:

Welches ist die Wirklichkeit von Liebe und Haß? Daß sie vorhanden sind, wird niemand bestreiten, obwohl wir sie offenbar nicht in derselben Weise als „wirklich" bezeichnen wollen wie ein Stück anorganischer Natur, einen Stein etwa. Nun können wir uns hier noch helfen, indem wir auf die Verhaltensforschung verweisen, und so jedenfalls beides einem gemeinsamen Nenner, nämlich unserer Vorstellung von der Entwicklung und den Gesetzen der Natur, zuordnen. Sobald wir freilich einem haßerfüllten Menschen gegenüberstehen oder selbst Haß in uns aufkommen fühlen, befriedigt uns diese Sicht von Wirklichkeit schon nicht mehr völlig.
Doch weiter: Mag es sich bei Liebe und Haß um Gesetze des Lebendigen handeln, wie steht es mit dem Tod? Es gehört zu seinem Wesen, daß wir uns von seiner „Wirklichkeit" eine Vorstellung nicht machen können. Unsere Vorstellungswelt reicht nur bis in die „Wirklichkeit" des Sterbens, des letzten Atemzugs hinein, aber dann ist sie an eine unüberschreitbare Grenze gelangt und biegt ab in den Bereich jener Vorstellungen, die wir als die Überlebenden von dem Toten, von der Leiche, ihrer Nichtansprechbarkeit und ihrem Verwesungsschicksal haben. Welche „Wirklichkeit" aber hat der Tod für den, der zuvor die Wirklichkeit des Lebens hatte, wie verhält sich die Wirklichkeit des Lebens zu jener „Wirklichkeit" Tod? Wie kann ich als der Lebende überhaupt von der „Wirklichkeit" meines Todes sprechen, die mich doch beschäftigt und greifbar auf mein Leben einwirkt?
Drittes Beispiel: In welcher Hinsicht ist die Zukunft „wirklich"? Der morgige Tag ist noch nicht wirklich, er hat seine Wirklichkeit gerade darin, daß er noch offen ist, daß an ihm dieses und jenes mir persönlich und überhaupt passieren kann. Ja, er hat seine Wirklichkeit darin, daß er mich mit der Möglichkeit der Beendigung meiner Wirklichkeit konfrontiert. In welchem Sinne kann von seiner „Wirklichkeit" gesprochen werden?
Was hat das alles mit dem Teufel zu tun? Offenbar gehört dem Teufel, gehört selbst Gott eine von unseren

sonstigen Wirklichkeitserfahrungen abzuhebende Wirklichkeit zu.

Gibt es Gott so wenig wie den Teufel?

Die Rede von Gott – und auch vom Teufel – nimmt noch einmal anders auf Wirklichkeit Bezug als die von Liebe oder Haß, vom Tod und von der Zukunft. Rede von Gott weiß sich eben darin sachbezogen, daß sie sich nicht allein auf alle erdenkliche Wirklichkeit (im nachcartesianischen Sinne) bezieht. Rede von Gott transzendiert alles Wirkliche und inmitten dieses Wirklichen Erdenkliche. Deswegen ist die Behauptung „Gott ist" – ebenso wie die Bestreitung „Gott ist nicht" – irreführend. Gott läßt sich nicht beschreiben in den Kategorien von Sein oder Nichtsein, gerade wenn er – Gott ist. Freilich ist auch diese Aussage eine Form von Beschreibung, welche nur die Grenze unseres Redens, nichts aber von jenseits dieser Grenze in den Blick bringt. Wir transzendieren immer neu den Bereich des uns Wirklichen und uns Erdenklichen, aber wir kommen von uns aus nie an ein Ziel: Wo unser jeweiliges Transzendieren endet, entsteht uns die Projektion, ein vorläufiges Bild, das freilich schon dazu geschaffen ist, durch erneute Transzendierung verändert, wenn nicht vernichtet zu werden. Einen außerhalb von uns „seienden", auf dem metaphysischen Felsen eines „Extra nos" existierenden Gott werden wir auf diese Weise nicht finden, es sei denn – als Projektion. Der Begriff „Projektion" ist dabei wertfrei (und umfassender als S. 96ff.) gemeint: Die Wirklichkeit der Zukunft verliert nichts von ihrem Wesen dadurch, daß wir sie uns „nur" durch „Projektion" vergegenwärtigen können. Ähnlich verhält es sich mit der Wirklichkeit Gottes – und des Teufels. Einen „Gott, den ‚es gibt', gibt es nicht", hatte Bonhoeffer formuliert. Auch einen Teufel, den „es gibt", gibt es nicht. Sich den Teufel als eine mit Intelligenz und Durchsetzungsvermögen ausgestattete, für sich existierende Person zu denken, konnte allenfalls im

Rahmen des vorcartesianischen Weltbildes sinnvoll, d. h. aussageträchtig, sein; theologisch problematisch blieb sie freilich auch in diesem Kontext. Der nachcartesianische Mensch wird das, was die überkommene Rede vom Teufel meint, nur erfassen können, indem er es als Projektion versteht — das Problem selbst ist für ihn damit keineswegs erledigt. Den Teufel als Projektion zu begreifen, heißt keinesfalls: Es gibt den Teufel nicht. Es besagt nur, daß dem Teufel offenbar nicht beizukommen ist durch die Behauptung: Es gibt ihn, oder: es gibt ihn nicht.

Geraten Gott und Teufel damit auf ein und dieselbe Ebene, nämlich die der Projektion? Auf eine Ebene, auf der grundsätzlich nicht mehr ausgemacht werden kann, welcher von beiden der Mächtigere, der für das Heil oder Unheil des Menschen Relevantere ist? Solange wir uns nicht klar gemacht haben, von welchem Gott wir reden und welche Kriterien dabei berücksichtigt werden müssen, sind Gott und Teufel tatsächlich nicht zu unterscheiden. Sie können natürlich als verschieden profilierte Projektionen gegeneinander abgehoben werden, aber ob dabei nicht Gott dämonische und der Teufel göttliche Züge abbekommt, ist erst dann zu klären, wenn Kriterien aufgestellt sind für das, was „Gott“, und das, was „Teufel“ meinen soll. Von den Heiden konnte Luther behaupten, daß sie unter dem Namen ihrer Götter in Wahrheit den Teufel anbeteten.

Wir versuchen, durch unser Denken und in gewisser Weise auch durch unser Handeln das uns Wirkliche und Erdenkliche zu überschreiten; wir transzendieren und gewinnen dabei Projektionen, und wir verhalten uns wiederum zu diesen Projektionen. Wer es vermöchte, nicht zu transzendieren, wäre Atheist im radikal-existentiellen Sinn; wer aber sein Transzendierensvermögen nicht leiten läßt durch die Kriterien, die der Glaube an Jesus als den Christus nennt, ist Heide, auch er freilich, im christologischen Sinn, Atheist, als ein Mensch ohne den Gott Jesu Christi (vgl. Eph. 2,12). Der Teufel erweist seine Wirklichkeit nicht dadurch, daß er uns das

Glauben an oder das Rechnen mit einem personhaft gedachten Satan oder mit einem unüberwindlichen bösen Prinzip abfordert, sondern darin, daß er unser Transzendieren an Jesus Christus vorbeidirigiert, daß er uns anderweitige Orientierungsdaten für unser Leben, für unser Heil und Unheil, nahelegt, mögen diese nun die Gestalt der alten Götter und Dämonen oder die Form neuer Ideologien und individueller Lebensziele besitzen.

Die Wirklichkeit der Teufelsprojektion

Daß die Projektion des Teufels in ihren mannigfachen Gestalten unter uns Wirklichkeit hat, die auch der Positivist nicht bestreiten kann, steht außer Frage. Der Teufel ist, wie immer man sich im Streit um das Verständnis der Wirklichkeit entscheidet, jedenfalls bewußtseinsimmanente Wirklichkeit. Man hat das Problem gelegentlich am Beispiel des älteren Blumhardt diskutiert: Wo war der Teufel „wirklich" – in dem Bauernmädchen Gottliebin Dittus oder in Blumhardt, der ihn als solchen zu benennen und zu bannen wußte? Oder kommt der Teufel sozusagen erst dadurch zustande, zur „Existenz", daß eine Gottliebin einem Blumhardt begegnet? Die Frage nach der Wirklichkeit des Teufels stellt sich folgerichtig dem von dieser Wirklichkeit Überzeugten als die Frage nach dem „Machtcharakter des Dämonischen" und nach den „Formen seiner Machtausübung" (H. Thielicke). Der päpstliche Geheimkämmerer Egon von Petersdorff präsentiert den gesamten zweiten Teil seiner doppelbändigen Dämonologie unter dem Stichwort „Dämonen am Werk". Die „Wirklichkeit" der Dämonen ist ihr „Werk". Doch das Werk der Dämonen ist nicht in irgendwelchen Randphänomenen menschlicher Erfahrung zu suchen, in einer „unbekannten Dimension der Wirklichkeit", sondern in der allzu bekannten Dimension unserer Wirklichkeit, die des Dämonischen so voll ist, daß man die Dämonen nicht erst zu erfinden braucht. Daran liegt es vielleicht, daß uns die Beschreibung von Dämonen besser gelingt als die der guten Geister: Um wieviel eindrucksvoller als den Himmel hat Dante die Hölle zu schildern vermocht! Mag es sich mit der Ontologie des Teufels verhalten wie auch immer: Jedenfalls haben wir Menschen — und Christen! — Erfahrungen, die uns veranlassen, das Böse ins Auge zu fassen und zu vermuten, daß es mit der Benennung „das Böse“ oder auch „der Böse“ nur unzureichend beschrieben ist.

3.2 Der Teufel zwischen Gott und den Menschen

Indem der Mensch von Teufeln und Dämonen redete, schuf er nicht nur Bilder, wie sie seine geängstete Fantasie ihm entwarf. Durch seine Projektionen transzendierte er nicht nur die Schwierigkeiten, die er mit sich und seiner Umwelt im weitesten Sinne hatte, sondern es gelang ihm damit auch, sie zu bezeichnen und zu deuten. Die Rede vom Teufel gab ihm die Möglichkeit, dessen ansichtig zu werden, das zwischen ihm und sich selber, zwischen ihm und seinem Mitmenschen, zwischen ihm und Gott stand. Dem dämonischen Menschen mußte schließlich ein teuflischer Gott entsprechen.

3.2.1 Der dämonische Mensch

Der Teufel im Menschen

Vom Teufel im Menschen zu sprechen, widerstrebt uns — auch nach Auschwitz. Auf einer frühen religiösen Stufe aber konnte es dem Selbstverständnis des Menschen Hilfe leisten: Der aufgeklärte Zeitgenosse hat erst dann ein Recht, auf die Hilfe der Mythologie zu verzichten, wenn er sich anderer Quellen solcher Hilfe versichert hat, die ihm beispielsweise ein Phänomen wie Auschwitz (oder My Lai oder Santiago de Chile) in seiner Unergründlichkeit bewußt machen. Andernfalls ist die Abweisung der Mythologie nichts als eine Reduktion der Möglichkeiten menschlichen Selbstverständnisses.

Betrachtet man die Berichte von Besessenen, die das Neue Testament enthält, unter diesem Gesichtspunkt, so ergibt sich, daß sie zwar medizinisch dem Wissensstand ihrer Zeit entsprechen und heute haltlos sind, sofern sie psychophysische Phänomene mythologisch erklären. Sofern sie aber gerade diese psychophysischen Phänomene als dämonische Besessenheit ansprechen, sind sie theologisch und im Rahmen menschlichen Selbstverständnisses von hohem Interesse. Wenn man sie liest, muß man nicht fragen: Welche Krankheitsphänomene schildern sie medizinisch irrtümlich als Besessenheit, sondern: Welches möglicherweise theologisch legitime Verständnis von Besessenheit zeigt sich daran, daß gerade diese Krankheitsphänomene es illustrieren?

Die Vorstellung der „Besessenheit“ eröffnete zunächst einmal die Möglichkeit, den Menschen von dem, was ihn da besetzt hielt, abzuheben. Man muß das nicht als billige Selbstentschuldigung abtun, sondern darf es auch als Ergebnis einer Glaubensüberzeugung werten: Der Mensch braucht mit dem Teufel nicht identifiziert zu werden; im Namen Gottes, der den Menschen geschaffen hat, muß hier ein Unterschied gemacht werden. Die augustinische Erbsündenlehre, besonders in ihrer lutherischen Ausprägung, hatte eine Tendenz, diesen Unterschied zu verwischen. Matthias Flacius, ein Theologe des 16. Jahrhunderts, wollte die Sünde zur Substanz der menschlichen Natur rechnen, wollte sie verstehen als etwas, das dem Menschen so eigen wäre wie Fleisch und Blut. Glücklicherweise konnte er sich mit dieser Meinung nicht durchsetzen. Flacius gegenüber bleibt festzuhalten, daß der Dämon, wenn der Mensch sich seiner auch nicht erwehren kann, als Eindringling verstanden werden muß, daß der Mensch im Dämonischen nicht aufgeht, sondern daß etwas in ihm durch den Teufel geknechtet wird und unter ihm leidet.

Noch klarer sprechen das die Bilder, die von den Besessenen gezeichnet werden, selbst aus: Der Besessene wird vom Dämon geplagt, hin- und hergerissen, zu Boden gestürzt (Mk. 9,20), er ist nicht zu bändigen (Mk. 5,3 f), und wenn der Dämon ausfährt, bleibt eine erschöpfte, nahezu leblose Hülle zurück (Mk. 9,26). Der Dämon entfremdet den Menschen sich selbst, so daß dieser sich mit Steinen schlägt (Mk. 5,5), die Identitätskrise treibt einem Höhepunkt zu, der Dämon zersetzt den Menschen, droht ihn von innen heraus zu zersprengen – gerade dann, wenn jene Kraft in Erscheinung tritt, die dem Dämon die Herrschaft streitig machen kann.

Aber auch die Stummheit, die Sprachlosigkeit, wurde von den Schreibern des Neuen Testaments als dämonisch empfunden. Ein Mensch ist nicht ansprechbar, knirscht allenfalls mit den Zähnen und verfällt in einen Zustand der Starrheit (Mk. 9,17 f); jede Kommunikation mit ihm ist ausgeschlossen.

Das theologisch Problematische an diesen Bildern liegt nicht in der Beschreibung dieser Phänomene selbst, sondern darin, daß sie die Gruppe der Besessenen abheben von den übrigen Menschen, als lebten nicht auch diese in bestimmten Formen von Besessenheit. Sieht man näher zu, so wiederholen sich freilich die Symptome der Besessenheit auch in den „Gesunden", die Jesus anspricht: Mit sehenden Augen sehen sie nicht und mit hörenden Ohren hören sie nicht (Mk. 4,12), und ihres Herzens Härtigkeit ist groß (Mk. 16,14)! Man hat daher gefragt, ob nicht Jesu gesamte Tätigkeit unter dem Stichwort des Exorzismus, der Dämonenaustreibung, erst verständlich werde (O. Böcher). Martin Luther entschränkte das Bild der Besessenheit, indem er es auf die Situation des Menschen außerhalb der Gnade überhaupt anwandte: Der Mensch ist voreingenommen, ist besetzt wie ein Reittier von seinem Reiter: „Hat der Satan sich darauf gesetzt, so will und geht es, wohin der Satan will."

Das Bild des Besessen-Seins ist dem aufgeklärten Menschen nicht völlig unverständlich. Wenn er auch das, was ihm sein Dasein entfremdet, nicht durch mythologische Namen bezeichnet, sondern durch vordergründige Etikette – Stechuhr, Terminkalender, Leistungsdruck oder

Langeweile: Er empfindet bis zu einem gewissen Grad die Uneigentlichkeit seines Lebens. Empfindet er sie nicht, kann das freilich die noch radikalere Form der Besessenheit sein, gegen die sich nichts mehr in ihm aufzulehnen scheint.

Der Mensch – des Menschen Teufel

Die Rede vom Teufel vermochte und vermag auf ihre Weise auch die Schwierigkeit anzusprechen, die die Menschen miteinander haben und einander bereiten. Der Mensch, der sich selbst zum Teufel geworden ist, ist nicht frei, dem Mitmenschen anders als in Angst und seinerseits als Bedrohung zu begegnen: In seiner Angst erwartet er das Böse vom anderen Menschen, wie es sein Vorfahre auf einer primitiven religiösen Stufe von seiner Umwelt, vom Tier, vom Unwetter erwartet hat. Und er ist bereit, seinerseits dem, das ihn bedroht, Widerstand entgegenzusetzen und es nicht gewähren zu lassen. Oder aber er vermag das Bedrohende des anderen sich dienstbar zu machen, vermag ihm einen Ort anzuweisen, an dem es seinem eigenen Bösen nützt und es potenziert: Das Bild des Teufels kennzeichnet sowohl die Unheimlichkeit einer durch nichts zu überwindenden Kommunikationsbarriere, wie auch einer diabolischen Komplizenschaft; der Teufel steht zwischen den Menschen – einerseits radikal trennend, andererseits in der Tiefe verbindend. Wie Menschen miteinander umgehen, läßt sich unter dem Begriff des Menschlichen allein offenbar nicht beschreiben. In tiefer Skepsis tradierte die Philosophie der Stoa zwei einander scheinbar widersprechende Grundformeln über den Menschen: Der Mensch ist des Menschen Gott, und: Der Mensch ist des Menschen Wolf. Beides kann im Bereich des Dämonischen liegen! Es fällt den Dichtern, Literaten und Regisseuren schwer, auf die Gestalt des Satans und die Kategorie des Satanischen zu verzichten. Vielleicht ahnen sie, daß sie eben das, was sie darzustellen und zu bannen suchen und dessen Faszinationskraft sie sich nicht entziehen mögen, unter den Stichworten „das Böse“ oder auch „der Böse“ allein nicht ausreichend zum Ausdruck bringen können. Liegt es deswegen nahe, von einem „Pakt“ zwischen Teufel und Literatur zu sprechen (H. Flügel, oben S. 14)? Muß der Teufel auf die Bühne, wenn ein Stück Wirklichkeit haben soll? Braucht die Kunst die dämonische Inspiration, wenn sie nicht eindimensional flach bleiben will? Wichtiger noch: Ist nicht gerade die Kunst dazu berufen, das Dämonische zu benennen, weil sie allein über die Mittel dazu verfügt? Kann das Dämonische anders als in dichterischer, die vordergründigen Gegebenheiten der Welt transzendierender Sprache angeredet werden? Auch die Religion, auch der christliche Glaube kommt ohne solche transzendierende dichterische Sprache nicht aus. Mit Recht erscheint daher der Teufel beispielsweise im Gesangbuch, — wenngleich man ihm dort das Kostüm, das ihm im 16. und 17. Jahrhundert verpaßt wurde, wechseln sollte, damit der Singende ihn nicht hinter einem Gewand vermute, in dem er nicht mehr steckt.

Gott als Teufel für den Menschen

Wie der Mensch sein Mißverhältnis zu sich selbst und zu seinen Mitmenschen durch die Rede von Teufel und Dämonen zu bezeichnen vermag, so gelingt ihm das auch im Blick auf seinen Gott. Für den Atheisten ergibt sich dabei etwas Merkwürdiges: Er hat keinen Gott mehr, aber der Teufel bleibt ihm.

In Angst und Widerstand begegnet der Mensch seinem Mitmenschen und auch seiner Umwelt insgesamt. Er steht seinem Schicksal mißtrauisch oder in kühner Selbstüberschätzung gegenüber. Beides hat Martin Luther in klassischer Weise artikuliert. Den Geängsteten erschreckt schon ein „rauschendes Baumblatt“, er vermutet dahinter die Hand Gottes, die zum Schlag gegen ihn ausholt. In die Gegenwart übersetzt: Der kleinste Schmerz, die geringste physische Unstimmigkeit provoziert die Frage: Habe ich — Krebs? Nach einer Periode des Wohlerge-

hens fragt sich auch der aufgeklärte Mensch, der den Neid der Götter nicht einmal mehr vom Hörensagen kennt: Wann kommt der Schicksalsschlag, wann beginnen die mageren Jahre, wann setzt die Pechsträhne ein? Für Luther äußerte sich damit das schlechte Gewissen des Menschen, das nur zu gute Gründe hat, Böses zu erwarten, Gott als den Henker zu fürchten. Der Mensch muß Gott recht geben, er hat Schuld auf sich geladen, die nach Rache und Gerechtigkeit schreit. Ist es da nicht natürlich, wenn er Gott als die schlechthinnige Bedrohung seines Lebens, seiner Existenz und seines Glücks begreift?
Dieselben Überlegungen rollen heute in einem anderen Kontext ab. Wenn es nicht die konkrete Schuld oder ein allgemeines Schuldgefühl ist, das mich in die Angst um das Gelingen, ja um das bloße physische Wohl meines Lebens hineintreibt, so ist es doch jedenfalls die Ahnung: Es gibt keinerlei moralische oder sonstige Gesichtspunkte dafür, daß Leid in jeder Form ausgerechnet der Schwelle meiner Wohnung fernbleiben müßte. Ja, es kann sich geradezu ein Schuldgefühl dann einstellen, wenn ich angesichts des Leids, das in anderen Wohnungen umgeht und ganze Länder erschüttert, von mir sagen muß: Es geht mir gut. Habe nicht auch ich, wenn mir Gerechtigkeit widerfahren soll, meinen Anteil an Bösem zu erwarten?
In anderen Phasen mag mir mein Leben und meine Umwelt tatsächlich mit tausend Widerständen entgegentreten. Was könnte mich veranlassen, hinter all dem Grauen in der Welt einen freundlichen Gott zu vermuten und nicht einen Dämon?

3.2.2 Der teuflische Gott

Das Gesetz der Teufelskreise

Paulus und Luther haben die Wirklichkeit des nicht glaubenden Menschen geprägt gesehen durch das „Gesetz", das sie natürlich in erster Linie theologisch verstanden: Der Mensch schien ihnen einem ungeheuren Druck ausgesetzt dadurch, daß er um das Gesetz Gottes wußte, von dem das Gelingen seines irdischen Lebens und schließlich sein ewiges Heil abhing. Je stärker er anerkennen mußte, daß das Gesetz, soweit er es erfassen konnte, gut war, desto bedrohlicher wurde es für ihn: Es überführte ihn seiner Unfähigkeit, dem Anspruch Gottes und seines eigenen Heils nachzukommen. Unter dem Zugriff des Gesetzes erkenne ich meine Sünde (Röm. 7,7), das Resultat der Sünde aber ist der Tod (Röm. 6,23), mein Verfallensein an Gottes berechtigten und vernichtenden Zorn auf ewig (Röm. 2,5): So lautete die einfache Schlußfolgerung des Paulus. Das Gesetz war das Signum eines Teufelskreises, der mich immer tiefer in sich hineinzog.

Stärker als Paulus hat Luther die Gegenbewegung ausformuliert, mit der ich mich dem Sog dieses Teufelskreises zu entziehen versuche durch „des Gesetzes Werke" (Gal. 3,10): Ich nehme mich in Zucht, ich werde fromm, ich faste und gebe den zehnten Teil meiner Güter, ich erfinde zusätzliche Möglichkeiten, das Gesetz zu erfüllen, es überzuerfüllen, ich gehe ins Kloster, ich leiste vieles, was das Gesetz gar nicht verlangt. Luther urteilt: Wer das versucht, gerät nur noch tiefer in den Teufelskreis des Gesetzes hinein; denn Gott erhebt nicht Anspruch auf etwas, das ich ihm bieten könnte, sondern auf mich, und je mehr ich ihm etwas, vieles, Beachtens- und Anerkennenswertes biete, desto mehr entziehe ich mich ihm selbst — als einer, der selb-ständig ist, der Gott gegenüber auf eigenen Füßen stehen kann, der es gerade nicht nötig hat, sich dem Anspruch Gottes zu beugen. Das Gesetz erweist sich somit potenziert als Teufelskreis: Unterlasse ich es, ihm nachzukommen, so werde ich schuldig, und das Wissen darum führt mich in Depression und Verzweiflung. Versuche ich aber, es zu erfüllen und habe ich sichtbaren Erfolg darin, so verleitet es mich zu Euphorie und Vermessenheit — möglicherweise jagt es mich auch zwischen beidem hin und her. Das Gesetz Gottes liefert mich dem Teufel aus, wie soll ich hier zwischen Gott und Teufel unterscheiden?

Der Teufelskreis des Gesetzes stellt sich uns heute eher anders dar – nämlich als das Gesetz der Teufelskreise. Es ist gewiß nicht nötig, daß wir uns „in die Sündenangst des beginnenden 16. Jahrhunderts hineinquälen" (R. Schäfer). Die Ängste, die uns inmitten der uns umgebenden Teufelskreise außer Atem bringen, sind wahrlich intensiv genug. Der Begriff des „Teufelskreises", ursprünglich zu Hause in der Welt magischer Beschwörung und Fixierung, wird uns heute plötzlich wieder nachvollziehbar aus einer völlig anderen Perspektive: als der Regelkreis im Sinne der Technik, der mit unerbittlicher Gesetzmäßigkeit Prozesse festlegt. Beispiel: Das Absinken der Sterberate infolge erhöhter Gesundheitsfürsorge und das Ansteigen der Geburtenzuwachsrate im Weltmaßstab führen unvermeidlich zu einer Explosion der Weltbevölkerung, zu einem vergleichsweise geringeren Nahrungsmittelaufkommen pro Kopf, zu tieferer Armut und größerer Ungerechtigkeit, falls es nicht gelingt, durch andere Faktoren diesem unerbittlichen Regelkreis gegenzusteuern. Wenn aber erhöhte Produktion und verstärkter Rohstoffverbrauch zugleich Erschöpfung der Reserven und verstärkte Zerstörung der Umwelt bedeuten, dann treiben diese beiden Regelkreise im Verein mit dem vorgenannten Prozeß die Weltgeschichte einer globalen Katastrophe zu. Der ökonomische Regelkreis von Armut, Ausbeutung und Krankheit führt politisch zu dem Regelkreis von Terror und Gegenterror; diese beiden Regelkreise zusammen treiben den Menschen in Entfremdung und Sinnleere. Man kann ein ganzes System von Teufelskreisen ausfindig machen, die, mannigfaltig miteinander verkettet, unaufhaltsam am Werk sind (J. Moltmann). Der innerste Ring dieser teuflischen Kreise aber, in deren Rotieren jedermann hineinverflochten ist, besteht in dem Wahn, der Mensch selber könne den Hexenmeister spielen und werde es schon schaffen, die apokalyptische Walpurgisnacht einem friedlichen Morgen entgegenzuführen.

Der Teufel als Entlastung Gottes

Sollte Gott die Herrschaft entglitten sein, so daß der Mensch nun wieder zurechtbringen muß, was Gott in seiner Ohnmacht nicht mehr zu bewältigen vermag? Oder sollte der Teufel Gott die Macht abgerungen haben, so daß der Mensch sich nun allein gegen das höllische Treiben um ihn her zur Wehr setzen muß? Oder sollte am Ende Gott selbst seine Herrschaft an den Teufel abgetreten haben, sollte er in seinem Zorn die Welt und die Menschen dem Teufel überantwortet haben, damit dieser das Gericht an ihr vollziehe – oder auf einem geheimnisvollen Umweg sie geläutert wieder den Armen Gottes zuführe?

Die klassische Dogmatik konnte durch den Hinweis auf den Teufel in gewisser Weise Gott und den Menschen entlasten. Deutete man die Paradiesesschlange, die Eva schließlich überredet hatte, als den Satan, so war hier die Ursache allen Übels gefunden: Eine dritte Stimme hatte sich in das Gespräch zwischen Gott und den Menschen gemischt und alles verdorben. Woher war sie plötzlich gekommen? Die mittelalterlichen Dogmatiker fanden eine Erklärung, die sie sich durch vorwissenschaftliche Deutung einiger disparater Bibelstellen (2. Petr. 2,4, Jud. 6, Offenb. 12,7 ff, gelegentlich auch Lk. 10,18) zusammenbastelten. Der Satan mußte ursprünglich ein Engel gewesen sein, und zwar, wie man auch jetzt, nach seinem Sturz, noch ermessen konnte, ein Engel von ganz besonders hervorragenden Qualitäten, ein Erzengel, Lucifer, der Lichtbringer (Jes. 14,12). Zu welchem Zeitpunkt sich die Sünde der Engel ereignet hatte, darüber stritten sich die Gelehrten, aber über ihre Ursache war man sich relativ einig: Der oberste der Engel wollte sein wie Gott, Hochmut hatte ihn erfaßt, vielleicht auch Neid gegenüber den Menschen, denen in der Inkarnation Gott als der Sohn nahekommen wollte wie keiner andern Kreatur, auch den Engeln nicht. Freilich drohten derartige Spekulationen von Anfang an, über die kirchlich festgelegten

Markierungen hinauszubranden: Ließ es sich nicht denken, daß Christus der erstgeborene, Satan aber der zweitgeborene Sohn, daß Christus die rechte und Satan die linke Hand Gottes war, zwei feindliche Brüder desselben Vaters (Laktanz)? Nietzsche konnte sich schließlich eine „wunderliche Drei-Einigkeit" ausdenken: Gott-Vater, Gott-Sohn und Gott-Teufel. Die Theorie vom Engelsturz verlegte zudem die Problematik der Geschichte des Sündenfalls logisch nur um eine Stufe zurück (wie es die Legende von der Unbefleckten Empfängnis Mariens im Blick auf die Sündlosigkeit Jesu tut): Bleibt es bei der Erzählung vom Sündenfall unklar, woher denn die Schlange kam und wie die doch von Gott erschaffenen Menschen sündigen konnten, so war es beim Gedanken des Engelsturzes fraglich, wie denn ausgerechnet Engel in die Lage gekommen sein sollten zu sündigen: Mußte dabei nicht in jedem Fall Gott selbst irgendwie die Hand im Spiel gehabt haben? Logisch gelang die Entlastung Gottes nicht.

Auch theologisch blieb sie unbefriedigend. Erwies es sich nicht gerade für den Glaubenden, der die Allmacht Gottes ernst nehmen wollte, als notwendig, mit dieser auch die Existenz des Teufels in Verbindung zu bringen? Durch die gesamte Geschichte der christlichen Theologie zieht sich der Gedanke, Gott habe den Teufel, wie die Sünde und das Böse überhaupt, zwar nicht positiv gewollt und verursacht, aber doch „zugelassen". Besonders Martin Luther hatte ein Gespür dafür, daß diese Ausflucht sich mit dem Ernst des Glaubens an den allmächtigen Gott nicht vereinen ließ. Wenn Gott Gott ist, dann kann seine alles mit sich reißende Macht am Bösen und an Satan keine Grenze finden. Auch der Teufel lebt davon, daß Gott ihn leben läßt. Luther verschiebt damit die Fragestellung: Nicht, warum Gott es dem Teufel am Anbeginn der Zeit nicht verwehrt hat zu sündigen, will er wissen, sondern warum Gott in der Gegenwart dem Teufel nicht das Handwerk legt. Luther antwortet: Gott ist bei seinem Wirken angewiesen auf das, was er vorfindet. Steht ihm nur ein hinkendes Pferd zur Verfügung, so wird er eben darauf reiten. Wer nur ein rostiges Beil und eine schartige Säge zur Hand hat, muß eben damit auszurichten versuchen, was er vorhat. Warum ist das Beil gerostet und die Säge schartig geworden? Gott hat es so gewollt. Warum hat es Gott so gewollt? Mit dieser Frage überschreiten wir die uns gesetzten Grenzen. Was jenseits ihrer liegt, geht uns nichts an. Gott ist ein verborgener Gott. Die Konturen zwischen Gott und Satan verschwimmen, wenn wir uns durch unsere selbstgefertigten Maßstäbe von Gut und Böse fixieren lassen, wenn wir aus der Situation unmittelbar erheben wollen, ob in ihr Gott oder der Teufel am Werk ist.

Der Teufel, der leibliche und der ewige Tod

Jede physische und psychische Beeinträchtigung, die wir erfahren, berührt uns als der vorauseilende Schatten unseres Todes. Wir können zwar die natürlichen Ursachen eines Verkehrsunfalls oder beruflichen Mißerfolgs oder einer heimtückischen Krankheit bis zu einem gewissen Grade erheben; wir brauchen da weder Gott noch Teufel zu bemühen. Aber inmitten des Leides, das uns umgibt, selbst inmitten unseres Glücks, bangen wir – um das Gelingen unseres Lebens als ganzes. Wir geben unserer Angst und unserer Hoffnung zwar im allgemeinen keine mythologischen Namen, aber daß wir hoffen und uns ängstigen, darüber besteht gar kein Zweifel. Das Leid, das uns widerfährt, scheint uns elementarer als das Glück dazu zu drängen, daß wir uns unserer Angst und unserer Hoffnung gedanklich bewußt werden und sie sprachlich zum Ausdruck bringen. Es bewegt uns da die Frage, ob es für uns mehr zu hoffen oder mehr zu fürchten gibt, ob wir in den Klauen eines Dämons oder in Gottes guten Händen uns befinden. An der Situation selbst läßt sich das nicht ablesen; vieles mag mehr für den Teufel sprechen als für Gott.

Auch die traditionellen Lösungsversuche, wie sie im Christentum angeboten werden, helfen uns kaum noch weiter: Sollte der Krebstod eines siebenjährigen Mädchens, sollten die Napalmbomben über vietnamesischen Dörfern und die Quälereien in südamerikanischen Gefängnissen, sollte das alles im Dienste einer göttlichen Pädagogik stehen? Hiob galt lange Zeit als Paradebeispiel dafür, wie Gott gerade mit dem Frommen umgeht. Auch Luther hat das Spiel des sadistischen Gottes gerühmt, der dem Leidenden versichert: „Du sollst mein Spielvögele sein"; er fand die göttliche Rute durchaus am Platze; mit dem Sprichwort seiner Zeit sagte er: „So küßt denn das Kindlein die Ruten. O du liebe Ruten, wie machst du so fromme Kindlein." Ein Gott, der uns auf diese Weise erziehen will, ist für unser Empfinden doch selbst ein Teufel. Der Masochismus des Glaubens muß ein Ende haben und der Gott des Sadismus dazu.

Irre geworden an der Unterscheidung zwischen Gott und Teufel wenden wir uns den Möglichkeiten zu, die wir zur Bekämpfung des Leides selbst besitzen. Denn zu einem Teil jedenfalls kennen wir seinen Ursprung. Es scheint müßig zu fragen, ob das Leid von Gott oder vom Teufel komme, wenn wir doch wissen, daß beispielsweise an einer großen Zahl von Verkehrsunfällen unser mieses Ethos im Verkehr schuld ist, die Dominanz wirtschaftlicher Erwägungen gegenüber der Sicherheit, die Trägheit unserer Einzel- und Gruppeninitiative, Verkehrsordnung und Verkehrssituation zu verbessern. Die Aggressionsforschung läßt uns heute den Ausbruch eines Krieges nicht mehr als unabwendbares Schicksal erscheinen, sondern als Auswirkung eines Mechanismus, der nicht rechtzeitig entdeckt und gestoppt worden ist. Doch eben dieses Wissen um unsere Verantwortung, um unser Beteiligtsein am Entstehen von Leid in dieser Welt, wirft uns wieder auf den Ausgangspunkt zurück. Warum tue ich nicht alles, was ich tun könnte, um zu verhindern, daß Menschen Hungers sterben? Warum gelingt es mir, der ich Aggressionsmechanismen kenne, nicht, mit meinem Kollegen zu einer konstruktiven Zusammenarbeit

zu gelangen? Und wenn ich zu beidem in der Lage wäre, was würde es zur Abwendung der Welthungerkatastrophe oder zur Vermeidung eines Weltkrieges überhaupt beitragen?
Gerade der energische Versuch, das Böse in den Griff zu bekommen und zu bannen, offenbart seine tiefe Verwurzelung im Menschen und seine übergreifende Macht.
Damit wird der Zusammenhang von Sünde und Leid, den viele Religionen beobachten, auch dem vernünftigen Bedenken der Verhältnisse einleuchtend. Leid muß freilich keineswegs, wie etwa das Spätjudentum meinte, als göttliche Strafe für begangene Sünde aufgefaßt werden. Der eherne Zusammenhang von Sünde und Leid umschließt uns Menschen alle: Ich leiste einen stattlichen Beitrag zum Unglück anderer Menschen, ich bin hineinverwoben in das Schicksal des weißen Teils der Erdbevölkerung, in das Geflecht einer bestimmten Wirtschaftsordnung, in die Notwendigkeit des Kampfes um mein Überleben. Und ich sehe mich mit alledem der Frage gegenüber, wie ich diese meine Situation verstehen soll — als hoffnungslos oder zukunftsträchtig, als zum Scheitern verurteilt oder zur Hoffnung herausfordernd. Die Situation selbst verweigert die Antwort, bis sie mit dem Tod auch mein Fragen zum Erlöschen bringt.
Der mittelalterliche Mensch sah sich in dieser Lage vor die Bedrohung durch Hölle und ewige Pein gestellt. Die Situation konnte unvermittelt die Züge des zornigen Gottes wie des nach ihm greifenden Teufels annehmen. Gott und Teufel schienen ineinander überzugehen. Da kommt es dann zu den schlimmsten Anfechtungen, meinte Luther, wenn man nicht mehr weiß, wie man mit Gott dran ist, wenn in einem der Verdacht aufsteigt, Gott sei ungerecht oder es gebe überhaupt keinen Gott. Da erscheint der Teufel als Engel des Lichts, der einem die eigene Lage und die eigenen Möglichkeiten in den rosigsten Farben schildert und einen dadurch nur noch mehr in die Trägheit und Unbußfertigkeit hineindrängt. Da nimmt Gott die Fratze eines Dämons an, der mich mit

allem nur erdenklichen Bösen verfolgt, und ich vermag nicht zu erkennen, daß er mich damit nur dem angenehmen Leben unter der Herrschaft des Satans entreißen will. Denn an den Ereignissen selbst kann ich es nicht ablesen, in wessen Händen ich mich befinde.
Diese Bilder sind nicht die unseren. Aber wir können sie bis zu einem gewissen Grade nachvollziehen; sie gewinnen damit für uns heuristische Funktion. Sie besagen: Unsere Situation, unser Schicksal deutet sich uns nicht selbst. Wird es uns zu einer echten Erfüllung werden oder treibt es uns über vordergründiges Glück und scheinbare Erfolge der endgültigen Vernichtung entgegen? Unsere Situation selbst gibt uns keine Anhaltspunkte, das zu entscheiden. Ist der Mensch des Teufels, Gott der Teufel, der Teufel Gott?

3.3 Jesus Christus wider den teuflischen Menschen und den teuflischen Gott

Die Unklarheit des Verhältnisses zwischen Gott, Mensch und Teufel schwindet für den Glaubenden unter dem Eindruck der Gestalt und der Botschaft Jesu von Nazareth. Was immer es mit Gott und dem Teufel auf sich haben mag: Der von Jesu Sein und Verkündigung angerührte Mensch gewinnt die Gewißheit, daß sich an diesem Jesus, den er deswegen den Christus nennt, das Gelingen seines Lebens entscheidet, — folglich auch, was „Gott" und „Teufel" für ihn ist.
Zu der Zeit, als der Mensch seine größte Hoffnung und seine tiefste Angst nur religiös, nämlich unter Zuhilfenahme der Vokabeln „Gott" und „Teufel" zu formulieren vermochte, hatte diese Gewißheit drei Ausprägungstypen gefunden: Entweder sagte man (etwa im Anschluß an 2. Kor. 5,19): Gott hat die Welt durch Christus mit sich versöhnt; der Teufel spielte dabei eine nebengeordnete Rolle, trug er doch nur die Mitschuld daran, daß es überhaupt zu einem Streit zwischen Gott und Mensch hatte kommen können. Oder man formulierte (im Anklang an Hebr. 2,14), wie

es Luther im Kleinen Katechismus tut, wir seien „erlöst, erworben und gewonnen von allen Sünden, vom Tod und von der Gewalt des Teufels“. Hierbei konnte man sich den Teufel als den direkten Aktionspartner Jesu vorstellen; Jesus fungierte dann als der Held, der mit List oder Gewalt in des Teufels Reich einbrach und in einer triumphalen Tat die Seinen befreite. Eine dritte Möglichkeit des Verständnisses, das dem aufgeklärten und liberalen Denken näherkam, rechnete mit einer Veränderung weder auf der Seite Gottes noch auch der des Teufels (den man dabei ohnehin unterschlagen konnte); man sagte (unter Berufung z. B. auf Joh. 3,16), an Jesu Gestalt und Botschaft zeige sich doch nur, wie Gott schon von Ewigkeit her den Menschen gegenüber gesinnt sei; am Kreuz finde es seinen schlechthin unwiderlegbaren Ausdruck, daß Gott eben nicht der Teufel ist, sondern es gut mit den Menschen meint. Obwohl diese drei Auslegungstypen gelegentlich miteinander in Streit gerieten, liefen sie in der Geschichte der Christenheit, wie schon die biblischen Belegstellen zeigen, immer nebeneinander her.

Der unter den Bedingungen des 20. Jahrhunderts Glaubende, der sich das, was er Jesus verdankt und von ihm erwartet, möglicherweise nicht mehr im Kontext eines Denkens von Gott und Teufel klarzumachen vermag, sucht vielleicht nach einem vierten Typus: Gott und Teufel sind ihm aus der Tradition überkommene Chiffren für die Tiefe seiner Hoffnung und für die Ausweglosigkeit seiner Ängste geworden. Daß er nicht verzweifeln muß, daß er für sich und seine Welt unbegrenzt hoffen darf, das wird ihm im Blick auf Jesus gewiß. Und wenn er die hergebrachte Vorstellung der „Existenz“ eines Gottes nicht mehr mit seinem Leben verbinden kann, so wird ihm doch an Jesus klar, daß seine Situation jedenfalls auch nicht von einem Dämon beherrscht ist, von einem unentrinnbaren Zwang biologischer oder technischer oder sonstiger Eigengesetzlichkeiten. Solche Klarheit über die Situation und die eigene Existenz sprengt den Rahmen rational zu begründender Einsicht. Was an der Gestalt und an der Botschaft Jesu ist es, das mich inmitten meiner von Notwendigkeiten, Grenzen und Schicksalsschlägen gekennzeichneten Situation zu befreitem wie befreiendem Denken und Handeln legitimiert?

3.3.1 Die Hölle Jesu

Das Neue Testament setzt Jesus nicht als einen himmlischen Heros von der Welt des Dämonischen ab. Es stellt ihn vielmehr dar als behaftet mit den Unklarheiten irdischer Existenz, als einen Menschen, der den Teufel in intensiver Begegnung kennengelernt hat.

Versuchung

Ihren mythologischen Ausdruck hat die merkwürdig geschraubte Aussage des Paulus, Jesus sei „in der Gestalt des sündlichen Fleisches" gewesen (Röm. 8,3), in der Versuchungsgeschichte gefunden, wie sie Matthäus und Lukas berichten. Eine archaische Szene: Jesus wird vom Geist in die Wüste geführt, wo er in einem dreifachen Gesprächsgang dem Ansinnen des Versuchers widersteht. Es ist das Wissen der Rabbinen um die psychische Wirklichkeit des Menschen und ihre Konflikte, das diese Passage gestaltet hat. Daß man es bei dem Versuch, Jesus zu verstehen, unbefangen nutzte, zeigt, wie wenig man in der frühen Christenheit bereit war, ihn von dem Bereich des Satanischen grundsätzlich abgehoben zu denken. Jesus gehört auf die Seite des teuflischen Menschen; er ist nicht frei von der Versuchung, Gott und den Menschen als Teufel aufzufassen.
Der Teufel schlägt uns vor, aus Steinen Brot zu machen. Im magischen Direktverfahren ist uns das nicht mehr vorstellbar; aber die Mittel, die wir heute in Händen haben, Steine in Brot zu verwandeln, nützen wir mit einer Intensität, die uns das Brot in unseren Händen wieder zu Stein erstarren zu lassen droht. Wir setzen alle

unsere Energie und unseren Verstand ein, um zu unseren Broten zu kommen und unsere Bedürfnisse zu befriedigen — Jesus kennt diese Versuchung.
Wir können uns nicht damit hinausreden, daß wir keine Lust verspürten, von der Tempelzinne herabzuspringen. Wir schlagen unsere Saltos und Kapriolen auf andere Weise, um bescheiden auf uns aufmerksam zu machen. Wir wollen vielleicht nicht unbedingt in den Schlagzeilen der Presse oder am Fernsehschirm auftauchen, aber im Rahmen unserer Verhältnisse, unseres Bekannten- und Kollegenkreises würden wir schon gern ein bißchen mehr gelten und uns anerkennen lassen. Jesus kennt diese Versuchung auch.
Alle Reiche der Welt zu besitzen, das wäre uns zu viel; das müßte nicht sein. Aber ein bißchen mehr Macht, ein wenig mehr „Verantwortung", wie wir gern dafür sagen, das fänden wir nicht unangemessen: Jesus ist auch diese Versuchung nicht fremd. Die Geschichte von der Versuchung Jesu schildert nicht etwas, das uns schwer nachvollziehbar wäre, einen mythologischen Kampf zweier überirdischer Gestalten in einsamer Höhe, sondern sie beschreibt etwas, das uns tagtäglich passiert — als etwas, das auch Jesus passieren konnte; denn er war einer von uns.
Aber selbst von jener anderen Linie des neutestamentlichen Zeugnisses her, die Jesus nicht einfach auf die Seite des Menschen zu schlagen vermochte und deswegen sagte: Er ist Gottes Sohn, auch von ihr aus führte ein direkter Weg zum Verständnis seiner Versuchlichkeit: Mußte nicht gerade Gottes Sohn es in einer viel schlimmeren Weise mit dem Teufel zu tun bekommen als jeder andere Mensch? Im Markusevangelium reden die Dämonen Jesus an als einen, den sie kennen und vor dem sie Angst haben: Was willst du von uns, Jesus von Nazareth? Du bist gekommen, uns zu verderben (1,24; vgl. 3,11; 5,7 ff)! Jesu Auftreten stellt eine einzigartige Provokation des Teufels dar. Ein „Stärkerer" nimmt die friedliche Welt des Satans unter Beschuß, nun muß er

sich wehren (Lk. 11,21), nun beginnt er zu toben. Wäre Christus ein Teufel gewesen, meint Luther, so hätte ihn der Satan akzeptiert und gern neben sich gelten lassen. So aber mußte er dem Gottessohn feind sein von dessen Geburt an, ja seit der Verkündigung an Maria. Luther findet es logisch, daß sich die Versuchung Jesu an seine Taufe anschließt. Von dieser Logik bekommen auch die Glaubenden etwas zu spüren: Wenn Christus im Schiff sitzt, dann beginnt der Sturm.

Gethsemane und Golgatha

Die Geschichte vom Kampf in Gethsemane schildert Jesus abermals in einem gigantischen Ringen, diesmal freilich nicht mit dem Teufel, sondern – das ist schlimmer – mit Gott. Was der Teufel in dieser Situation verlockend anzubieten hätte, tritt nun nicht mehr von außen an Jesus heran, sondern erscheint in seinem eigenen Munde: daß dieser Kelch an mir vorübergehe. Was steckt dahinter, wenn Gott, der Vater, dem Sohn einen derartigen Kelch zumutet? Luther läßt in seinen Predigten über diese Stelle alle Teufel, den obersten Teufel mit seinem ganzen Anhang, im Garten Gethsemane aufmarschieren und stellt am Ende doch fest: Die Kategorie des Dämonischen reicht hier nicht mehr aus. Gottes Zorn legt sich schwer auf die Schultern des Gottessohnes und zieht ihn nieder – in die Hölle. Die Schrecklichkeit Gottes hat die des Teufels in den Schatten gestellt.

Vielleicht ist das ein Grund dafür, daß die Evangelisten den Teufel in den Passionsgeschichten gar nicht erwähnen. Jesus, der einzig für die Sache Gottes und der Menschen gelebt hatte, sieht sich ausgeliefert, ohne Halt im würgenden Zugriff der Zwänge. Sein Scheitern widerlegt ihn, demonstriert ihm, daß es mit seinem Leben und mit seiner Botschaft nichts war. Mein Gott, mein Gott, warum hast du mich verlassen? Dieses Wort bleibt in einem merkwürdigen Zwielicht: Als Zitat aus der Liturgie der Väter erweckt es den Eindruck, als sei es ein letztes Sich-Einfügen in den Glauben Israels, Zeichen einer Frömmigkeit, die Gott auch im Äußersten nicht aus den Augen läßt, Signum des Juden, der seinem Gott drohend ankündigt, daß er auch unter den schlimmsten Umständen Gott zum Trotz Jude bleiben werde. Warum aber haben Lukas und Johannes dieses Wort Jesu am Kreuz nicht überliefert? Schien es ihnen doch mißverständlich und darum unpassend im Munde des Gekreuzigten? Klang es ihnen doch verräterisch, eher wie der Ruf, den ein Verzweifelnder dem sich von ihm zurückziehenden Gott nachschreit? Wie die Klage der Juden, die in den deutschen Konzentrationslagern sangen: Ejli, Ejli, lama asaphthanu – warum hast du uns verlassen? Sollte Jesus die Abwesenheit Gottes, den Tod Gottes, die Dämonie Gottes erfahren haben wie Unzählige seither, ja schlimmer als sie? Ist gerade dies, daß Jesus sich von Gott verlassen sieht, das, was uns elementar mit ihm verbindet? Einige Abschreiber des Neuen Testaments und damit wahrscheinlich einige frühchristliche Gemeinden lasen den Ruf Jesu zudem ganz anders: Mein Gott, warum hast du mich verflucht? Der von Gott verfluchte Mensch wechselt über in die Hände Satans; Gott und Satan arbeiten zusammen. Die um das Kreuz Versammelten hatten ohnehin etwas anderes verstanden: Er ruft Elia. Oder sollte Jesus wirklich, da er sich auf seinen Gott nicht mehr verlassen konnte, nach dem wiederkehrenden Elia gerufen haben, der sein Lebenswerk in letzter Minute doch noch legitimieren und krönen würde? Und wäre darin sein Scheitern, seine Gottverlassenheit und Gottlosigkeit vollkommen? Der von Gott angefochtene und alleingelassene Jesus erlebt die Hölle.

Niedergefahren zur Hölle – hinabgestiegen in das Reich des Todes

Deutet man die Anfechtungen Jesu als seine Hölle, so entmythologisiert man sie zugleich: Sie ist dann nicht der

Ort, wie ihn die mittelalterlichen Maler fantasievoll und vermutlich nicht ohne Gruseln dargestellt hatten, in dem ein unauslöschliches Feuer brennt und in dem die Verdammten unter ewiger Pein gemartert werden. Die Hölle ist dann etwas Schlimmeres als „physisches Feuer", das in katholischen Dogmatiken bei ihrer Beschreibung noch immer aufgeführt wird. Luther lehrte: „Der Zorn Gottes ist die Hölle des Teufels und aller Verdammten." Nicht die Anwesenheit des Teufels, sondern die Abwesenheit Gottes macht seiner Meinung nach die Hölle aus, und der Teufel gehört mit zu denen, die in der Hölle leiden, so sehr er seinerseits die Verdammten quälen mag. Luther hat diesen Ansatz nicht völlig durchgehalten und sich vor allem in Predigten über die Höllenfahrt Christi zu plastischen Schilderungen hinreißen lassen. Doch lag der eigentliche Akzent dabei nicht auf dem Sieg Christi über den Teufel, sondern auf der Erniedrigung, welche die Höllenfahrt für ihn bedeutete: „Christus ist auch unter den Teufel hinuntergefahren in die Hölle" – tiefer hinab als irgend ein Mensch. Die leuchtenden Farben der Danteschen Hölle verblassen: In der Hölle brennt kein Feuer. Die Hölle ist der Ort, an dem Gott sich versagt, und die Zeit, da Gott als Teufel begegnet.

Die „christliche" Hölle bezieht, ebenso wie der „christliche" Teufel, ihr Kolorit aus der Religionsgeschichte. Schon, was die biblischen Schriften über ewiges Feuer und den feurigen Pfuhl, über Finsternis und Zähneklappen vermelden, läßt sich mühelos auf außerchristliche Quellen zurückführen. Daß sich die „Phantasie der Frommen" (G. und Th. Sartory) in besonderer Weise dieses Themas annahm, wird nicht verwundern. Zu beachten bleibt freilich, daß sich in der christlichen Vorstellung von der Hölle zwei verschiedene Traditionsströme getroffen haben, die ursprünglich nichts miteinander zu tun hatten: Für das Alte Testament galt das, was Luther mit „Hölle" übersetzt hat, als das Schattenreich des Todes, in dem man Gott nicht mehr loben konnte wie im Lande der Lebendigen, in das man aber auch nicht vor Gott ent-

fliehen konnte (Ps. 139,8). Ein Teufel hatte hier jedoch keinen Platz. Für die frühe Kirche konnte sich diese alttestamentliche Auffassung verbinden mit der hellenistischen Vorstellung vom Hades, der ja ebenfalls nur das Totenreich und nicht etwa ein satanisches Imperium bezeichnete. Von manchen Erlöserfiguren des hellenistischen Orients wurde eine Hadesfahrt berichtet. Zur Dokumentation des Sieges Christi über den Tod schien dieses Stilmittel daher nicht ungeeignet, zumal man dadurch auch etwas über das Angebot des Heils an die Verstorbenen sagen konnte (vgl. 1. Petr. 3,19 f).
Die Hölle Jesu, wie sie Luther zu verstehen gelehrt hat, läßt sich in der prächtigen Farbgebung, mit der sie durch die christliche Frömmigkeitsgeschichte und teilweise auch die Theologie ausgestattet worden ist, gerade nicht erfassen. Die Hölle Jesu ist unsere Hölle gewesen — und darüber hinaus die Hölle dessen, der unsere Hölle bewältigen sollte.

3.3.2 Jesus, der Exorzist

Das Neue Testament artikuliert das Werk Jesu Christi nicht primär im Gegenüber zu Teufel und Dämonen. Es wäre deswegen verfehlt, die gesamte Tätigkeit Jesu begreifen zu wollen als einen großen, sozusagen totalen Exorzismus. Paulus, der durchaus die Vorstellung von Dämonen und Mächten kennt, greift kaum auf sie zurück, wenn er erklären will, was Jesus Christus für uns Menschen bedeutet (vgl. oben). Die Rolle des Teufels ist bei ihm übernommen von der Sünde, dem Gesetz oder dem Zorn Gottes, so daß man sich schon gefragt hat, inwieweit diese Mächte in seinem Denken personifizierte Größen darstellen. Im 1. Johannesbrief dagegen kann es lapidar als Sinn der Sendung Jesu bezeichnet werden, „daß er die Werke des Teufels zerstöre" (3,8; vgl. Hebr. 2,14 f). Freilich zeigen die neutestamentlichen Schreiber gerade in ihrem unterschiedlichen Gebrauch dämonologischer Vorstellungen, daß sich für sie das Werk Jesu im Gegenüber zu Gott *und* dem Teufel artikulieren ließ. Die ihnen überkommenen und durch ihren soziokulturellen Kontext gegebenen Vorstellungen von Gott und dem Teufel konnten verdeutlichen, was die Gestalt und die Botschaft Jesu für den Menschen und seine Welt beinhaltete.

Wenn der Stärkere kommt

Offenbar verstanden diejenigen, die Jesus begegneten, ihn als einen Menschen, der außergewöhnliche Vollmacht hatte – in der Rede, gegenüber Krankheiten, Kräften der Natur und natürlich auch gegenüber Dämonen. Was ihn abhob von den Menschen um ihn her, auch von den Frommen, war seine Freiheit: Weder durch tiefeingewurzelte gesellschaftliche Gegensätze noch durch religiöse Autoritäten, weder durch offenkundige Vergehen noch durch das überlieferte Gesetz Gottes ließ er sich beeindrucken. Solch ein Mensch mußte beseitigt werden, solches Verhalten führte zum Tod. Daß Jesus gerade durch ein frühzeitiges und gewaltsames Sterben, das zu umgehen gewesen wäre, seine Freiheit erneut und in einem totalen Sinne unter Beweis stellte, begriffen selbst seine Anhänger und Freunde erst später. Die Dämonen fielen wie selbstverständlich dieser Freiheit zum Opfer. Hatten es Exorzisten sonst nötig, mit umständlichen und komplizierten Manipulationen gegen sie vorzugehen: Jesus gehorchen sie aufs Wort. Sie wissen, was ihnen bevorsteht, wenn Jesus auftaucht, sie bekommen es mit der Angst zu tun, sie schreien es hinaus, wer er ist: Du bist der Heilige Gottes! Und wenn sie sich angesichts der Bedrohung, die ihnen durch Jesus widerfährt, in einem Menschen nicht mehr halten können, dann fahren sie aus unter gewaltigen Erschütterungen der Physis, die sie bebend zurücklassen. Den Menschen, von dem derartige Wirkungen ausgehen, muß man bitten, er möge wieder „weichen" (Mt. 8,34).

Rudolf Bultmann hat ein regelrechtes Schema freigelegt, nach dem Dämonenbeschwörungen Jesu im Neuen Testament dargestellt werden: „1. der Dämon wittert den Beschwörer und sträubt sich, 2. Bedrohung und Gebot des Beschwörers, 3. Ausfahren des Dämons unter Demonstration, 4. Eindruck auf die Zuschauer.“ Weniger die historische Wirklichkeit als vielmehr psychische Erfahrung dürfte sich in diesem Schema spiegeln. Wir mögen es in bestimmten Fällen tatsächlich wittern, wo die größere Freiheit und die tiefere Erfüllung des Lebens lägen; wir ahnen die Herausforderung an unseren bisherigen Lebensstil. Die Bedrohung, die ein Ernstnehmen des christlichen Glaubens für einen einzelnen Menschen und für eine ganze Gesellschaft darstellen könnte, wird von den Nichtglaubenden möglicherweise deutlicher empfunden, als die Glaubenden es sich denken. Aber auch die Glaubenden selbst wird gelegentlich das Entsetzen darüber packen, was passieren würde, wenn der Teufel aus ihnen ausführe.

Freilich, wir ahnen es und wir haben gewisse Erfahrungen darüber: Die Dämonen, die unser Leben umstellen und besetzt halten, können nicht durch guten Willen und durch Aufklärung allein ausgetrieben werden. Je intensiver ein vordergründiger Optimismus der Vernunft gepflegt wird, desto rascher scheint er sich selbst zu widerlegen. Die Vernunft vermag wohl anzugeben, wie unter bestimmten Voraussetzungen eine entdämonisierte Welt aussehen würde. Ob aber die eingeführten Voraussetzungen nicht ihrerseits von satanisch geprägten Strukturen menschlichen Denkens und Handelns abhängen, kann sie nicht erweisen. Zudem verfügt sie nicht über das Kräftepotential, das zur Verwirklichung der als erstrebenswert erkannten Ziele nötig wäre. Was hilft es dem Menschen zu wissen, daß ihn die Droge ruinieren wird, wenn er sich doch außerstande sieht, ihr zu widerstehen? Was nützt es der Menschheit, wenn sie sich zwar errechnen kann, wann die „Grenzen des Wachstums“ erreicht sein werden, und zu welchem Zeitpunkt der ökologische Zusammenbruch vermutlich eintreten wird, wenn sie doch wie gelähmt dieser in eine globale Katastrophe führen-

den Entwicklung zusehen muß? Es bedarf offenbar eines „Stärkeren"!
Daß das Ausfahren des Dämons in unserem Leben gewaltige Spuren hinterlassen müßte, die uns in einer von Dämonen besessenen Umwelt nicht zu unserem Vorteil kennzeichnen würden, ist uns schließlich ebenfalls klar. Würden wir in einer nach Leistung und Repräsentation strebenden Umgebung nicht nur den Schatten unserer selbst darstellen, wollten wir uns dem Leistungs- und Repräsentationsdruck entziehen? Sind nicht Hippies und Gammler die Ruinen von Menschen, aus denen der Dämon des Verdienen- und Verbrauchen-Müssens ausgefahren ist? Wollen wir unserer Umgebung ein solches oder ein ähnliches Schauspiel abgeben? Der Eindruck auf die „Zuschauer" würde nicht ausbleiben!
Die neutestamentlichen Berichte von Dämonenaustreibungen Jesu haben zahllose Parallelen in der antiken Literatur. Dämonen verschwanden, schlimmere Dämonen kehrten zurück. Ist nicht am Ende auch Jesus einer, der die bösen Geister austreibt wie wir, nämlich durch Beelzebub, ihren Obersten? Wir bannen den Hunger durch Lebensmittel, die vergiftet sind; wir entziehen uns dem Leistungsdruck und liefern uns dem Rauschgift aus. Wir bewahren den Frieden durch den Bau von Wasserstoffbomben. Wir sichern die Freiheit – die einen durch Folter, die andern durch psychiatrische Anstalten. Wir rufen nach Emanzipation und geraten immer stärker in den Dschungel unserer eigenen Wollungen und Abhängigkeiten. Ist das, wenn Jesus Teufel austreibt, anders?

Liebe, die die Hölle auf sich zieht

In gewisser Weise sind die neutestamentlichen Berichte von Dämonenaustreibungen irreführend. Sie verstellen nämlich den Blick dafür, daß der Kampf Jesu mit dem Teufel entscheidend an anderer Stelle geführt wurde. Gelegentlich erinnert das Neue Testament daran, daß man im Namen Jesu böse Geister austreiben und dabei doch auf der Seite eben dieser bösen Geister bleiben kann (Mt. 7,22 f). Das Höchste, wovon der Christ im Blick auf seine Umgebung weiß, ist weder die Berge versetzende Kraft seines Glaubens noch seine Entschlossenheit zum Martyrium, weder sein diakonischer Einsatz noch seine charismatische Gabe (das exorzistische Machtwort nennt Paulus nicht einmal, 1. Kor. 13,1-3), sondern die Liebe.

Jesus hat seine Freiheit nicht für sich gelebt. Er hat seine Macht über die Dämonen nicht dazu gebraucht, sie sich vom Leibe zu halten. Die Freiheit, die er gelebt hat, führte ihn in den Tod. Die Dämonen, die er anderen Menschen ausgetrieben hat, fielen über ihn her. Die Geschichte christlicher Frömmigkeit und Theologie hat, soweit sie in den Kategorien des Dämonischen dachte, die Kreuzigung Jesu als eine gewaltige Konzentration satanischer Wirklichkeit aufgefaßt. Der Teufel stürzt sich mit all seiner Macht auf den Gekreuzigten, führt Luther in drastischen Bildern aus, allen Haß und Grimm konzentriert er auf den geängsteten Jesus, aber — dabei verausgabt er sich so sehr, daß er schließlich nicht mehr kann. An Jesus erschöpft der Teufel seine Möglichkeiten, nun ist er matt, er hat sich „gebrannt". Alle teuflische Bosheit muß Christus „aussaufen", aber damit ist sie nun auch aufgesogen und für die an Jesus Glaubenden unschädlich gemacht.

Luther konnte dasselbe zum Ausdruck bringen, indem er von der Bewältigung der Sünde, des Gesetzes, des Zornes Gottes sprach. Es gibt einen berühmten Streit in der Lutherforschung um die Frage, ob Luther das Werk Christi als unsere Erlösung aus der Gewalt des Teufels oder als Versöhnung mit Gott auffaßte. Obwohl man vielerlei Beobachtungen dazu sammeln kann, wird man aufs ganze sagen müssen: Luther sah hier keinen Widerspruch. Was es für die Menschen und ihre Welt heißt, daß Jesus gekommen ist, läßt sich mit Hilfe überkommener Gottes- und Teufelsvorstellungen ausdrücken. Eine Frage, um die sich gegenwärtige Theologie zu bemühen hat, ist die, ob sich die Relevanz Jesu für uns und unsere Welt nicht auch ohne hergebrachte Gottes- und Teufelsvorstellungen zum Ausdruck bringen läßt. Denn auch demjenigen, der weder mit dem Gedanken an Gott noch mit dem an einen Teufel umgeht, muß die Relevanz Jesu als für ihn gültig und als auf ihn sich erstreckend gepredigt werden.

Vielleicht kann er sogar auf den Gottesbegriff leichter verzichten als auf eine Vorstellung vom Teufel. Auch wenn er weiß, daß der Teufel nicht „leibhaftig existiert", versteht er, was die Rede vom Teufel besagen will und daß sie somit auch seine Situation kennzeichnet. „Ob es einen Gott gibt, das weiß ich nicht", heißt es einmal bei Carl Zuckmeyer, „aber den Teufel gibt es, dem bin ich begegnet." Dem Teufel begegnen wir, und es fällt uns nicht so schwer einzusehen, daß das Reden von ihm sinnvoll sein kann, auch wenn es ihn nicht „gibt".

Wir ahnen, was es um Teufel und Hölle ist, und wir haben deswegen auch durchaus eine Vorstellung von einer Liebe, die die Hölle auf sich zieht. Wir beginnen zu verstehen, was Jesus getan und gemeint hat, wir brauchen dazu weder an Gott noch an den Teufel zu denken: Ein Mensch flieht nicht, sondern zieht bewußt das Schlimmste auf sich, um andere davor zu bewahren. Er beschwört das Schreckliche über sich selbst herauf, um anderen Menschen den Weg in die Freiheit zu vermitteln.

Wir haben Kenntnis davon, daß derartiges, wenngleich nicht allzu häufig, auch andernorts auf dieser Erde passiert ist. Aber der Glaubende kann sich dem Eindruck nicht entziehen, daß es durch Jesu Leben und Sterben in einer fundamentaleren, die Welt erschütternden Weise geschehen ist: Der Glaubende sieht sich in die von Jesus vermittelte Existenz der Freiheit hineingeholt, und er weiß, daß es die Sachlage nicht treffen würde, wenn er sagte, Jesu Leben und Verhalten habe ihm eben als inspirierendes Beispiel gedient. Mag es äußerlich so aussehen, als kämen hier nur die Gesetze von Vorbild und Nachahmung zum Zuge: Wer im Bezugsverhältnis zu Jesus lebt, kann sich nicht als den Aktiven begreifen, der eben einem Beispiel folgt und einem Appell nachkommt. Er sieht sich vielmehr der Dämonen seiner pausenlosen moralischen Aktivität und der Hölle seiner Resignation entledigt, die jeden plagen, der sich an Beispielen und Appellen orientiert. Er findet sich befreit dazu, Dämonen und Höllen anderer auf sich zu laden: Gerade darin erweist sich seine Freiheit von Hölle und Dämonen. Damit aber kommt ihm auf einer neuen Ebene, sozusagen potenziert, nun die wahre Hölle in den Blick: Nicht in dem Bezugsverhältnis zu Jesus zu stehen, nicht sich seiner Relevanz auszuliefern, nicht die Hölle der Mitmenschen auf sich zu nehmen, wie Jesus es getan hat — das wäre das Scheitern des Lebens, das wäre der ewige Tod und der Triumph des Teufels.

3.3.3 Ich sage ab

Glaube an den Teufel?

Weder unser Reden von Gott noch das vom Teufel zielt auf die Ebene, auf der wir uns bewegen, wenn wir von sichtbaren und greifbaren Dingen sprechen, wenn wir beweisen oder doch kalkulieren. Einen Gott, den „es gibt", hatte Bonhoeffer gelehrt, gibt es nicht, und einen Teufel, den „es gibt", gibt es auch nicht (vgl. oben S. 130). Dadurch, daß man Gott oder den Teufel für existent hält, trifft man die Wirklichkeit Gottes oder des Teufels nicht. Freilich auch dadurch nicht, daß man Gott und den Teufel als inexistent abtut, daß man sich beruhigt bei dem Gedanken: Das gibt es ja nicht, oder, wie Luther ihn formuliert: „Gott zürnt mit dir nicht... Die Hölle ist nicht so heiß noch der Teufel so schwarz, wie man ihn malet." Dieser Gedanke, sagt Luther, ist nichts anderes als — eine Eingebung des Teufels!
Obwohl wir also mit unserer Rede von Gott oder dem Teufel über die Grenzen aller unserer sonstigen Wirklichkeitserfahrung hinauszielen, wäre es verfehlt, Gott und Teufel in jenem Außerhalb gleichsam auf ein und

derselben Ebene zu denken. Unter dem Eindruck der Gestalt und Botschaft Jesu wird uns deutlich, daß wir trotz der uns bedrängenden gegenteiligen Erfahrungen im Blick auf uns und unsere Welt zuversichtlich sein dürfen, daß wir Vertrauen haben und uns geborgen wissen dürfen: Die Christenheit hat dies zum Ausdruck gebracht in dem Gebet zu Gott, „unserem Vater". Unter dem Eindruck Jesu wird uns aber auch die Bedrohung des Lebens und der Welt deutlich, die sich in allem auswirkt, was uns dieses Vertrauen erschüttern und unser Verhältnis zu unseren Mitmenschen und zu uns selbst vergiften will. Um diese Bedrohung zu benennen, hat die Christenheit vom Teufel geredet. Beides, die Vorstellung von Gott und vom Teufel, ist aus der Geschichte menschlichen Hoffens und Fürchtens überkommen, und die Christenheit hat auf diese in ihrer Umwelt vorhandenen Vorstellungsmuster zurückgegriffen, um sich und ihrer Umwelt klarzumachen, was Jesus für menschliches Hoffen und Fürchten bedeutet. Ob die Menschheit nicht inzwischen in ein Entwicklungsstadium geraten ist, in dem die überkommenen Muster untauglich dafür geworden sind, die Relevanz Jesu als des Christus aufzuzeigen, darum wird heute in der Theologie heiß diskutiert.

Verwendet man jedoch vorerst weiter die traditionelle Rede der Christenheit von Gott und dem Teufel, so ergibt sich, daß es gerade mißverständlich und irreführend ist, von Gott und dem Teufel sozusagen in einem Atemzug zu sprechen. Die Geschichte der christlichen Liturgie hat das in einer geradezu klassischen Weise zum Ausdruck gebracht: Der Teufel gehört nicht ins Glaubensbekenntnis, sondern in die sogen. Abrenuntiation. Dem Bekenntnis: Ich glaube an Gott! entspricht die Abschwörungsformel: Ich sage ab dem Teufel und allen seinen Werken! Etwa die lutherische Kirche in Dänemark übt den Brauch, jedem gottesdienstlichen Glaubensbekenntnis diese Abrenuntiationsformel vorauszuschicken. An den Teufel kann man nicht „glauben", man kann ihm nur immer neu Widerstand entgegensetzen und ihm absagen.

Taufe wider den Teufel

Die Alte Kirche wußte, daß man sich dem Teufel nicht durch eigene Anstrengung entziehen kann. Es bedarf eines Machtwechsels; es bedarf dessen, daß wir das Herrschaftsgebiet des Teufels hinter uns lassen und dem Machtbereich Gottes zugeordnet werden. Diesen Grenzüberschritt hat die Alte Kirche durch feierliche und eindrucksvolle Formeln markiert. In der Regel wurden damals ja Erwachsene getauft, die zuvor an anderen Göttern und Mächten ihr Leben orientiert hatten: Ihnen galt es nun den Rücken zu kehren. Nach dem Brauch, der vor allem in den Kirchen des Orients geübt wurde, hatte der Taufkandidat sich vor seiner Taufe im Vorhof des Baptisteriums so aufzustellen, daß er nach Westen blickte, in die Richtung des Abends, des Todes und des Satans; mit ausgestreckten Armen und geballten Fäusten sprach er dann drohend dreimal die Abrenuntiationsformel, etwa: Ich sage ab dem Teufel und allen seinen Werken. Bei den zum Christentum übergetretenen Germanen beispielsweise nahm die Abschwörungsformel auf die germanische Götterwelt Bezug: Es können sehr verschiedene Teufel sein, denen wir Menschen abzuschwören haben! Die römische und auch die lutherische Kirche haben Abrenuntiation bzw. Exorzismus auch in der Säuglingstaufe beibehalten. Im Anschluß an Luthers Taufbüchlein wird daher nach einer noch heute für den Vollzug der Taufe angebotenen agendarischen Form das Baby — bzw. an seiner Stelle die Paten — gefragt: Entsagest du dem Satan und all seinem Werk und Wesen?

An derartigen grotesk erscheinenden liturgischen Überbleibseln inmitten einer Zeit und auch einer Gemeinde, die sie nicht mehr begreift, wird zugleich das Mißverständnis deutlich, das der altkirchliche Brauch der Abrenuntiation auslösen mußte: Man kann sich leider vom Teufel nicht durch einen einmaligen Akt distanzieren, der noch dazu durch quasi-magische Gesten abgesichert wäre. Gerade Luther wußte, daß es nicht mit der ein-

maligen Taufhandlung getan sein konnte: „Ein christliches Leben ist nichts anderes denn eine tägliche Taufe, einmal angefangen und immer darin gegangen." Wohl erlöst sie von Tod und Teufel, aber gerade deswegen zieht man durch sie den Teufel unwiderstehlich an: Wären wir nicht getauft, so ließe uns der Teufel „Geld und Gut genug gewinnen und lachen und tanzen". Durch die Taufe wird dem Christen „aufgelegt der Teufel, der ihn verfolgt, solange er lebt". Luther findet das konsequent: „Willst du Feuer haben, so mußt du den Rauch auch haben; willst du ein Christen und Gottes Kind sein, so mußt du auch leiden, was dir darob widerfähret."
Freilich dürfen die Getauften und Glaubenden den Kampf mit dem Teufel nicht als so total betrachten, daß es bei ihnen zu keinen bewußten Siegen und Erfolgen mehr kommt. Vielleicht wäre es nicht sinnlos, neue Abrenuntiationsformeln zu entwickeln und auf Gruppenebene oder im Zusammenhang mit neuen Gottesdienstformen auszuprobieren. Es würde für unsere Auseinandersetzung mit dem Teufel wohl etwas austragen, wenn wir, reflektiert und in Gemeinschaft mit einer Gruppe, unsere Entschlossenheit formulierten: Ich schwöre ab — dem Streben nach Gewinn und dem Denken an meine Karriere, ich schwöre ab der Lieblosigkeit gegenüber meinen Kollegen und der Verantwortungslosigkeit gegenüber den Problemen der Welt, ich schwöre ab der Resignation und der Sorge um mein Leben, — ich glaube!

3.3.4 Fahr aus, du unreiner Geist!

Exorzismus

Im Zusammenhang mit der Taufe hat die Alte Kirche neben der Abrenuntiation den Exorzismus geübt: Die Entsagung allein reichte nicht aus, der Teufel mußte ausgetrieben werden. Wiederum sekundiert Luthers Taufbüchlein, indem es den Täufer über dem Täufling sprechen läßt: „Fahr aus, du unreiner Geist, und gib Raum dem Heiligen Geist!“ Für die Alte Kirche stand der Exorzismus über die Taufpraxis hinaus im Kontext eines blühenden heidnischen und vor allem jüdischen Exorzismuswesens, das Leiden aller Art zu bannen vermochte. Die frühe Christenheit aber stellte mit ihren exorzistischen Erfolgen offenbar alle anderen Exorzismen in den Schatten. Ein Heer von christlichen Exorzisten befand sich im Einsatz; ihr Auftreten erschien so normal, daß ihnen in der Hierarchie des Klerus nur die unterste Stufe zuerkannt wurde. Der Apologet Justin (als Märtyrer gestorben um 165 n. Chr.) erklärt, was es heiße, daß Christus in die Welt gekommen ist, die Werke des Teufels zu zerstören (1. Joh. 3,8): „Das könnt ihr erkennen an dem, was unter euren Augen vorgeht. Denn viele von den Unsrigen, den Christen, haben eine große Anzahl Besessener in der ganzen Welt und in eurer Stadt (Rom) durch Beschwörung beim Namen Jesu Christi . . . geheilt . . .; sie heilen sie auch jetzt noch fort und fort, indem sie die Dämonen, von denen diese Menschen besessen sind, zunichte machen und austreiben.“

Vieles, was die Exorzisten der Alten Kirche durch Beschwörung erreicht haben, muß heute durch Ärzte und Wissenschaftler, durch Ökonomen und Politiker geleistet werden. Die frühchristlichen Exorzisten beteiligten sich an einer großen und über den Bereich der Gemeinden hinausgreifenden Bewegung, von der die damalige Welt Heilung und Linderung ihrer Nöte erwartete. Will die heutige Christenheit diesen Teil des Anliegens der alten Exorzisten aufnehmen, so muß sie die Wege beschreiten, die heute dazu nötig sind, d. h. sie muß Exorzismus durch Vernunft und Aufklärung betreiben. Sie würde dabei ein Aufgabengebiet vorfinden, das sie unmittelbar in den Bereich klassischer Teufelsbeschwörung hinüberführte: Sie könnte dafür sorgen, daß die Vernunft bei ihrer Sache bleibt und nicht widermenschlichen Interessen dienstbar gemacht wird. Sie könnte dazu beitragen, das Gespräch der „Vernünftigen“ zu versachlichen, indem sie den Teufel der Geltungssucht und des Machtwillens, der Trägheit sowie des Egoismus von einzelnen und Gruppen austriebe. Gremien und Ausschüsse, Sitzungen und Tagungen, Papers und Programme dürften genügend Gelegenheit dazu bieten.

Aber auch der Exorzismus im strengeren Sinne muß wieder entdeckt werden. Es gilt, unter dem Eindruck der Gestalt und der Botschaft Jesu Sünde als Sünde zu benennen, den Teufel als solchen anzusprechen und zu brandmarken. Die Konkretion wird mit der Eingrenzung der Gruppe, innerhalb derer das geschieht, zunehmen. Es dürfte schwer sein, der Gesellschaft im ganzen den Teufel aufzuzeigen, an dem sie leidet; zudem könnte es zur bequemen Verteufelung eines ganzen gesellschaftlichen Systems verleiten. Es dürfte sich aber demgegenüber als durchführbar erweisen, einem einzelnen Menschen den Teufel zu benennen, der ausgetrieben werden muß; auch in überschaubaren Gruppen, wie sie Kirchengemeinden in der Regel darstellen, dürfte das möglich sein. Dabei käme es stärker darauf an, dämonische Grundstrukturen unseres Verhaltens aufzudecken, als bestimmte Handlungen als sündig auszuweisen. Ob es Sünde ist, eine Geschwindigkeitsbegrenzung von 100 Stundenkilometern auf Autobahnen abzulehnen, ist aufgrund des statistischen Materials so einfach nicht zu entscheiden. Wenn aber diese Ablehnung erfolgt, weil Gewinnstreben vor Sicherheit rangiert, oder wenn sie aufgrund eines Freiheitsbegriffes propagiert wird, der nur auf Kosten des Mitmenschen realisiert werden kann („Freie Fahrt dem freien Bürger"), dann läßt sich sehr wohl sagen, daß hier etwas zum Vorschein kommt, das die christliche Tradition mythologisch als den Teufel bezeichnet. Exorzismen zum Fenster hinaus haben wenig Sinn; der Exorzismus bedarf der konkreten Situation. Daß dabei gelegentlich auch Irrtümer unterlaufen können, darf den Exorzisten nicht verschrecken: Das gehört zu seinem Berufsrisiko. Vielleicht sind Predigten und kirchliche Verlautbarungen oft deswegen so langweilig, weil sie sich nicht mehr den konkreten Teufel aufs Korn zu neh-

men getrauen. Wir sind es uns aber gegenseitig schuldig, einander den Teufel auszutreiben!
Freilich wird für den von uns geübten Exorzismus dasselbe gelten wie für den Exorzismus Jesu: Der Mut, den Teufel anzusprechen, und der Widerstand gegen ihn in der konkreten Situation trägt zur Entdämonisierung der Welt nur dann etwas bei, wenn wir bereit werden, Teufel und Hölle auf uns zu ziehen, nicht nur in dem vordergründigen Sinn, in dem wir Schreckliches, das uns umgibt, als Hölle bezeichnen. Die Hölle, die der Exorzist riskieren muß, ist nicht nur die der Bloßstellung in der Öffentlichkeit, sondern auch die der Schuld einer falschen Entscheidung.

Der Teufel – nicht mehr los

Wenn wir die Wendung „Der Teufel ist los!" gebrauchen, erinnern wir uns kaum noch daran, daß sie indirekt auf die Bibel zurückgeht – auf die Vorstellung nämlich, der Teufel werde noch einmal losgelassen werden vor seinem endgültigen und ewigen Sturz (Offenb. 20,7). Die Beseitigung des Teufels und seiner Macht gehört hinein in die große Hoffnung auf den neuen Äon, in dem der Fürst dieser Welt eben nichts mehr zu suchen und zu finden haben wird. Alle Dämonenaustreibungen, von denen das Neue Testament berichtet, haben es nicht auf das Verschwinden dieses oder jenes einzelnen Dämons abgesehen, sondern auf die Beseitigung der Dämonie und des Dämonischen überhaupt. Jesus sagt (Lk. 11,20): Wenn ich mit dem Finger Gottes die bösen Geister austreibe, so ist ja das Reich Gottes zu euch gekommen. Das Reich Gottes in seiner Totalität wird dem Treiben des Teufels ein Ende setzen.
Solange christliche Theologie den Teufel sich als eine der irdischen analog vorgestellte Realität dachte und nach seinem „Sein" fragte, mußte sie natürlich auch dem Problem nachgehen, was mit dem Teufel in Ewigkeit „sein" würde. Würde nach dem letzten Gericht die Ge-

samtheit des Seins endgültig auseinanderfallen in eine höllische und eine paradiesische Seite? Würde der Teufel ewig leiden müssen oder einer ewigen Vernichtung anheimfallen? Oder gab es auch für ihn eine letzte Errettung, wenn Gott schließlich alles in allem sein und alles in allem heimholen würde in sein ewiges Erbarmen? Die Antwort der christlichen Theologie fiel nicht einheitlich aus, wenngleich ihr orthodoxer Hauptstrang an der ewigen Verdammnis des Teufels und der Verdammten festhalten zu sollen glaubte.

Unter einer Perspektive, die nicht mehr nach dem Sein Gottes oder des Teufels fragt, erweisen sich derartige Probleme als überholt. Unter dem Eindruck der Gestalt und der Botschaft Jesu entzündet sich uns eine Hoffnung, die keine Grenzen kennt – weder am Tod noch am Teufel. Wir sind gewiß, daß unser Leben durch den Tod hindurch seine Erfüllung finden wird. Wir vermögen nicht mehr wie frühere Generationen, uns das Land der Hoffnung auszumalen – ebensowenig wie das Land des Schreckens und der Strafe. Wir können keine Beschreibung dessen geben, worauf wir hoffen; aber wir können den Grund angeben, der uns in eine grenzenlose Hoffnung hineinzieht. Die Hölle wäre es, diese unsere grenzenlose Hoffnung zu verlieren, und der Teufel ist es, der sie uns zu rauben sich bemüht. Indem wir einander den Teufel austreiben und indem wir uns gegenseitig die Hölle abnehmen, verdeutlichen wir einander, worin die Macht und Freiheit Jesu bestand: Die Freiheit Jesu steckt uns an und seine Macht bemächtigt sich unser in der Gewißheit, daß wir nicht dem Teufel ausgeliefert bleiben und nicht in der Hölle enden werden.

ANHANG

Zum Abschnitt „Der Teufel als Projektion“ · „Brauchen die Menschen den Teufel?“

Religionsphänomenologisches Material hat der Altmeister auf diesem Gebiet, G. van der Leeuw, in einigen Paragraphen seiner „Phänomenologie der Religion“ (J. C. B. Mohr / Tübingen, 2. Auflage 1956, bes. § 15) zusammengestellt. In die Welt von „Magie und Religion“ führt unter religionsgeschichtlicher Perspektive das gleichnamige Buch von *Carl Heinz Ratschow* ein (C. Bertelsmann / Gütersloh 1947).

Die Literatur über den Bereich des Okkulten und der Parapsychologie ist natürlich uferlos. Zwei Arbeiten seien herausgegriffen, nämlich *Leo Talamonti:* „Die Welt des Okkulten“ (Paul Neff Verlag / Wien, Berlin o. J.), und *Gebhard Frei:* „Probleme der Parapsychologie. Gesammelte Aufsätze“ (herausgeg. von A. Resch, Verlag Ferdinand Schöningh / München, Paderborn, Wien 1969).
Unter den philosophisch orientierten, eher essayistischen Bemühungen um die Deutung des Bösen scheint mir wichtiger als „Der Teufel“ von *Giovanni Papini* (deutsch 1955) das leider weithin vergessene Buch von *Erwin Reisner:* „Der Dämon und sein Bild“ (Suhrkamp Verlag / Berlin 1947); es ist anregend und geistvoll geschrieben und trotz seiner kulturkritischen Untertöne mit Gewinn zu lesen. Neuerdings gesellt sich zu diesen beiden Werken die materialreiche Darstellung von *Robert Müller-Sternberg:* „Die Dämonen. Wesen und Wirkung eines Urphänomens“ (Carl Schönemann / Bremen 1964; gutes Register).

Zum Abschnitt „Brauchen die Christen den Teufel?“

Von den zahlreichen exegetischen Bemühungen um Teufel und Dämonen nenne ich die allgemeinverständliche, aber stark biblizistische Darstellung von *Matthäus Ziegler:* „Engel und Dämonen im Lichte der Bibel mit Einschluß des außerkanonischen Schrifttums“ (Origo Verlag / Zürich 1957), sowie drei Arbeiten des Mainzer Neutestamentlers *Otto Böcher:* „Dämonenfurcht und Dämonenabwehr. Ein Beitrag zur Vorgeschichte der christlichen Taufe“ (Kohlhammer / Stuttgart 1970; die hier vorgelegte Fülle religionsgeschichtlicher Details dürfte in erster Linie den Fachmann interessieren), „Christus Exorcista“ (Kohlhammer / Stuttgart 1972) sowie: „Das Neue Testament und die dämonischen Mächte“ (Katholisches Bibelwerk 1972).

Die „Geschichte des Teufels“ in den Religionen und besonders im Christentum quer durch die Jahrtausende hat *Gustav Roskoff* in

seinem zweibändigen Werk verfolgt, das 1869 bei Brockhaus in Leipzig erschien. Da das hier zusammengetragene Material nicht inzwischen kritisch gesichtet und ergänzt worden ist, muß das Werk noch immer beachtet werden.
An neueren katholischen Dämonologien sind zu nennen die zweibändige „Dämonologie" des Päpstlichen Geheimkämmerers *Egon von Petersdorff* (Verlag für Kultur und Geschichte / München 1956/57) und der „Traktat über den Teufel" des Passauer Theologieprofessors *Alois Winklhofer* (Josef Knecht / Frankfurt am Main 1961).

Zum Abschnitt „Entmythologisierung des Teufels oder Remythologisierung des Bösen?"

Protestantische Theologie hat in jüngerer Zeit dem Teufel nicht dieselbe Aufmerksamkeit geschenkt wie die katholische. Das mag z. T. an *Karl Barths* Ausführungen in seiner Kirchlichen Dogmatik, Bd. III/3, S. 327–425 („Gott und das Nichtige") und S. 608–623 liegen, andererseits an *Rudolf Bultmanns* „Programm der Entmythologisierung" (Kurzinformation bei *Heinz Zahrnt:* „Die Sache mit Gott", R. Piper / München 1968, S. 278 ff.). Immerhin hat 1926 *Paul Tillich* „Das Dämonische" einer eindringenden Untersuchung gewürdigt (Gesammelte Werke, Evangelisches Verlagswerk Stuttgart, Bd. VI, S.42–71), und *Helmut Thielicke* nennt die „Wirklichkeit des Dämonischen" unter seinen „Fragen des Christentums an die moderne Welt" (J. C. B. Mohr / Tübingen 1947, S. 170–217). Auf der Suche nach dem tiefsten „Grund, warum wir eines Führers bedürfen", kommt auch *Karl Heim* ausführlich auf den Bereich des Satanischen zu sprechen; „Jesus der Herr" (Furche-Verlag Hamburg, 4. Aufl., 1955) S. 94 ff.
Um den theologischen Ort des Teufels im Denken Luthers habe ich mich bemüht in meinem Buch: „Der Teufel und Jesus Christus in der Theologie Martin Luthers" (Vandenhoeck & Ruprecht / Göttingen 1967); „Zur inneren Entwicklung von Luthers Teufelsglauben" habe ich Stellung genommen in der Zeitschrift „Kerygma und Dogma", 13. Jahrgang, 1967, S. 201–211.

Zum Abschnitt „Ob es den Teufel gibt oder nicht"

Die Frage, wie denn man von Gott heute reden kann, welches Recht und welche Grenze der Atheismus hat, welche Konsequenzen daraus für die Neuformulierung der christlichen Dogmatik sichtbar werden, gehört zu den meine eigenen theologischen Bemühungen in besonderem Maße bewegenden Problemen. Ich habe den Projektionsbegriff positiv aufzunehmen versucht in meinem Aufsatz „Glaube als Projektion", der sich mit Ludwig Feuerbach auseinandersetzt; er ist in der „Zeitschrift für Systematische Theologie und Religionsphilosophie", 12. Bd., 1970, S. 363–382 erschienen. In einer „Theorie des Redens von Gott" (Vandenhoeck & Ruprecht / Göttingen 1972), die ihre Auswirkungen natürlich auch für das „Reden vom Teufel" zeigen muß, habe ich das vorläufige Ergebnis meiner bisherigen Untersuchungen vorgelegt. Auf sie sollte zurückgreifen, wer den hier vorgetragenen Denkversuch über den Teufel in einen größeren Rahmen eingestellt sehen möchte.

Zum Abschnitt „Der Teufel zwischen Gott und den Menschen" · „Der dämonische Mensch"

Der dämonische Mensch ist Gegenstand zahlreicher Spekulationen geworden, vor allem im Blick auf Kunst und Genialität: Die Dämonen „in der Literatur", „im Reich der Töne" und „in der Kunst" sucht *von Petersdorff* im II. Band seiner „Dämonologie" zu fassen (S. 335 ff.; vgl. auch in der schon genannten Arbeit von *Müller-Sternberg* die S. 385 ff.). Zur Deutung der im Neuen Testament beschriebenen Besessenheit sind am besten die einschlägigen Kommentare zu den jeweiligen Stellen zu konsultieren.
Das Gesetz der „Teufelskreise" hat *Jürgen Moltmann* knapp und schlüssig skizziert in seinem Buch „Der gekreuzigte Gott. Das Kreuz Christi als Grund und Kritik christlicher Theologie" (Chr. Kaiser / München 1972, S. 306 ff.). Es ist erstaunlich, wie oft der Teufel neuerdings in der – außertheologischen – Literatur zum Umweltschutz auftaucht! Ein Kuriosum sei in diesem Zusammenhang genannt: *Günther Schwabs* „abenteuerliches Interview": „Der Tanz mit dem Teufel" (Adolf Sponholtz Verlag / Hannover, 8. Auflage 1958).

Zum Abschnitt „Der teuflische Gott"

Der teuflische Gott, wie ihn die christliche Theologie gezeichnet hat, wird scharf angegriffen durch die „Kritik des christlichen Masochismus", die *Dorothee Sölle* in ihrem Buch über das „Leiden" vorträgt (Kreuz-Verlag / Stuttgart – Berlin 1973, bes. S. 17 ff.); vgl. dazu auch *Ulrich Hedingers* Appell „Wider die Versöhnung Gottes mit dem Elend" (Theologischer Verlag Zürich 1972, S. 33 ff.).

Zu den Abschnitten: „Jesus Christus wider den teuflischen Menschen und den teuflischen Gott" · „Die Hölle Jesu" und „Jesus, der Exorzist"

„Die Worte der Dämonen im Markusevangelium" hat *Otto Bauernfeind* in einer bei Kohlhammer / Stuttgart 1927 erschienenen Schrift untersucht. Daß über die Sündlosigkeit Jesu neu nachgedacht werden muß, fordert *Theodor Lorenzmeier* in der Zeitschrift „Evangelische Theologie", 31. Jahrgang, 1971, S. 452 ff.: „Wider das Dogma von der Sündlosigkeit Jesu". Die offizielle Lehre der katholischen Kirche über die Hölle ist zu erfahren im „Grundriß der Dogmatik" von *Ludwig Ott* (Herder / Freiburg – Basel – Wien, 8. Auflage 1970), S. 571–574; anschließend wird das Fegfeuer verhandelt.

Zu den Abschnitten „Ich sage ab" und „Fahr aus ..."

Über Exorzismus und Abrenuntiation gibt Auskunft das zweibändige „Handbuch der katholischen Liturgik" von *Ludwig Eisenhofer* (Herder / Freiburg 1932/33; siehe dort im Register). Unerheblich für unseren Ansatz, aber von historischem Interesse ist der Bericht von *Cécile Ernst:* „Teufelaustreibungen. Die Praxis der katholischen Kirche im 16. und 17. Jahrhundert" (Verlag Hans Huber / Bern – Stuttgart – Wien 1972). Aufschlußreiche Hinweise zur Exorzismuspraxis der Alten Kirche finden sich in dem Aufsatz von Karlmann Beyschlag und Werner Weismann über „Das Problem des Leidens in der frühen Christenheit" (in: Hans Schulze, Hg., „Der leidende Mensch. Beiträge zu einem unbewältigten Thema", Neukirchener Verlag 1974, S. 95 ff.).
Zu den Begebenheiten um Johann Christoph Blumhardt erschien 1971 in 14. Auflage (Verlag Goldene Worte; Einführung von W. Koller): „Blumhardts Kampf. Zuverlässiger Abdruck seines eigenen Berichts über die Krankheits- und Heilungsgeschichte der Gottliebin Dittus in Möttlingen." Vgl. Joachim Scharfenbergs Versuch, das Blumhardt-Problem über seine Fixierung auf den „Teufel" hinauszuführen: „Joh. Christ. Blumhardt und die kirchliche Seelsorge heute" (Vandenhoeck & Ruprecht / Göttingen 1959).